KB074771

학교폭력,
교육을 만나다

일러두기
• 본문에 나오는 이름은 모두 가명을 사용하였습니다.
• 학교폭력 관련 법령은 2023년 10월 기준으로 하였습니다.

신뢰와 회복을 위한
학교폭력 해결 노하우

학교
폭력,
교육을
만나다

변국희·김승혜·변성숙·최희영 지음

지식프레임

들어가는 글

피할 수 없거나 극복할 수 없는 환경에 반복적으로 노출된 경험으로 인하여 실제로 자신의 능력으로 피할 수 있거나 극복할 수 있음에도 불구하고 스스로 그러한 상황에서 자포자기하는 것, 이를 학습된 무력감이라고도 한다. 언제부터인가 학교폭력 문제에서 학교는 학습된 무력감에 빠져버렸다는 생각을 지울 수 없다. 마치 서서히 데워지는 물속에서 생명의 위협을 깨닫지 못하는 개구리와 같이 어느새 학교 현장은 끓는 물 속에서 허우적거리고 있는 듯하다.

피해학생 보호와 가해학생 선도·교육, 분쟁조정을 통한 학생 인권 보호와 건전한 사회인 육성을 목적으로 2004년 「학교폭력예방 및 대책에 관한 법률」(이하 '학교폭력예방법')이 처음 제정되었다. 하지만 학교폭력은 멈추지 않았고 법령과 제도가 계속 보완되었지만 현실은 나아지지 않았다. 법률을 더 엄격하게 적용하고 지침을 촘촘하게 만들면 문제가 해결될 줄 알았지만 학교폭력은 오히려 심각해지고 사회 변화와 함께 새롭게 진화하였다. 피해학생은 제대로 보호받지 못하고, 가해학생은 반성과 사과보다는 맞신고로 대응하기 일쑤다. 학부모의 민원과 감정이 쏟아지고, 고소와 소송의 남발로 이어졌다. 이러한 학교폭력 악순환의 고리로 인해 학교와 교사는 무력감에 빠졌고, 지금의 교육공동체는 집단적인 외상 후 스트레스 장애(PTSD)를 앓고 있는 것이 아닐까.

그렇다면 대안은 무엇인가?
이 책은 교육적 접근이 근본적인 해결 방안이라는 입장이다. 실제로 교장·교감, 교사가 중심이 되어 교육공동체 모두가 안전하다고 느낄 수 있는 초기 대응 시스템을 만들어 실천한 학교들에서 학교폭력과 갈등이 현저하게 감소하였다. 그리고 단계별로 적절한 교육적 개입을 통해 학교폭력은 잘 해결될 수 있다는 것을 다양한 사례와 대안을 통해 이야기하고자 한다.
그렇다면 법령과 지침, 이에 근거한 절차는 덜 중요하다는 것인가? 아니다. 오히려 법령과 제도를 제대로 만들고 지키자는 쪽이다. 학교 현장에 대한 이해와 교육이라는 거름 장치가 없는 법안과 정책은 단기 처방이 될 수는 있어도 새로운 갈등과 문제를 초래할 우려가 있으니 보다 신중해야 한다.

학교폭력 사안처리 과정에서도 한계와 모순이 존재한다. 법령과 지침에 따라 절차대로만 하면 문제가 잘 해결되어야 하는데 현실은 다르다. 절차는 목적 달성을 위한 수단에 불과하고 가치중립적이라 사람들의 경험, 관계, 감정 변화 등 다양한 요인까지 통제할 수 없는 한계가 있다. 따라서 학교폭력 사안처리에서는 관련 학생과 학부모, 교사가 어떤 가치와 철학을 공유하는가, 어느 정도 서로를 신뢰하고 얼마나 안전하다고 느끼는지가 관건이다. 이것은 절차를 넘어 교육의 영역에 해당한다.

수년 전 학교폭력 사안처리 강의를 할 때의 일이다. 신고·보고 의무를 강조하는 상황에서 한 교감선생님이 번쩍 손을 들고 물었다. "무작정 신고하라고만 하지 말고 어떻게 교육적으로 해결해야 할지 알려주어야 하는 거 아니냐?"고.

늦은 감이 있지만 이 책을 통해 답변을 드리고자 한다. 학교폭력 신고·보고는 여전히 절차로서 중요하지만 이보다 더 중요한 것들이 많음을 절감한다. 근본적인 예방과 문제 해결을 위해서 우리가 무엇을 어떻게 해야 좋을 것인지를 설명하고자 한다. 이해를 돕기 위해 사례를 들어 최대한 쉽게 읽힐 수 있도록 하였고, 현장에서 적용할 수 있는 실천적 방안도 함께 제시하고자 노력하였다.

이 책은 다음 세 가지의 가치를 전제로 읽혀지고 활용되기를 바란다.

첫째, 교사는 학교폭력 문제 해결에 있어 누구보다 전문가라는 가치와 믿음이다. 학교폭력 문제의 대부분은 교육의 문제이므로 교사는 비교육적인 대책과 외부 요인에 대해 지적으로 저항하고 합리적 대안을 제시하며 개선해 나갈 수 있는 능동적인 주체로서의 역할을 담당해 줄 수 있어야 한다.

둘째, 교사는 학생, 학부모와 적대적 관계가 아니라 함께 학교폭력을 예방하고, 모두가 안전하다고 느낄 수 있는 초기 대응 시스템을 만들어 실천하며, 관계회복 중심으로 문제를 해결할 수 있는 동반자라는 가치이다.

셋째, 이 책이 물꼬를 터서 향후 법령과 제도 개선에서 교육의 기능에 가까울수록 학교폭력 문제 해결의 근본적인 대안이 될 수 있음을 전문가뿐만 아니라 국민 대다수가 공감하고 지지해 주게 될 것이라는 믿음과 바람이다.

이러한 관점에서 다음과 같이 내용을 구성하였다.

PART1. '학교폭력, 제대로 알고 이해하기'에서는 다양한 사례를 통해 장난과 학교폭력의 경계, 학칙 위반이나 교육활동 침해, 아동학대와 학교폭력의 차이점 등 학교폭력에 대한 이해를 높이도록 하였다.

PART2. '단계별 골든타임을 잡아라!'에서는 학교폭력에 연루되지 않는 방법, 사이버 폭력의 예방과 대처, 폭력 감수성 향상 방법, 방어자가 되는 교육을 제시하였다.

PART3. '현명한 사안처리를 위한 준비'에서는 관계회복을 돕는 상담과 대응 방안, 전담기구의 구성과 역할, 사안 조사의 효과적인 방법과 유의점 등을 현행 법령과 지침을 근거로 교육적 접근을 시도하였다.

PART4. '상처를 치유하기 위한 접근'에서는 학교장 자체해결이 무엇이고 관련 학생들에게 어떤 도움을 줄 수 있는지, 보호자 간 다툼 발생 시 대처법, 관계회복을 위한 준비와 진행 시 알아야 할 사항 등을 제시하였다.

PART5. '다양한 상황에서의 지혜로운 문제해결'에서는 교육공동체가 안전한 학교폭력 초기 대응 시스템, 가해자를 모르거나 가해학생이 다른 학교에 다니는 경우, 장애학생과 다문화학생 사안, 아이의 잘못을 인정하지 않는 보호자, 학교폭력 자료 요청 등에 대한 교육적 대처 방안을 다루었다.

PART6. '학교폭력대책심의위원회의 역할과 고민'에서는 심의위원회의 구성과 기능, 심의위원이 피해학생 측을 배려하는 질문, 피해학생 보호조치와 가해학생 조치, 조치결정 기준과 절차 등을 사례로 풀어서 제시하였다.

PART7. '학교폭력, 어떻게 작별할 것인가'에서는 조치이행, 불복 절차, 학교생활기록부의 기재, 심의위원회 회의록 등의 정보 공개, 피해학생의 회복과 치유, 가해학생의 선도와 재발 방지를 위한 방안을 제시하였다.

이 책은 학교폭력 문제에 대해 고민하고 어려움을 겪는 모든 선생님들께 조금이나마 도움이 되기를 바라는 마음으로 교원, 변호사, 학교폭력 현장 전문가들이 경험과 노하우를 담아 고심하여 집필하였다. 학교폭력 관련 정책 입안자, 교육청 업무 담당자와 심의위원, 학교전담경찰관, 예비교사, 학부모님들도 함께 읽고 학교폭력 문제 해결의 조력자 역할을 해주었으면 한다.

끝으로, 선생님들의 용기 있는 실천과 좋은 사례들이 모여 학교폭력 악순환의 고리를 끊어내고, 교육공동체가 서로 신뢰하고 다시 건강한 학교로 살아 숨 쉴 수 있는 계기가 되기를 소망한다.

2023년 10월 저자 일동

차례

Part 2
학교폭력 예방하기

단계별 골든타임을 잡아라!

――――

Part 3
학교폭력의 조사와 대응

현명한 사안처리를 위한 준비

――――

Part 4

학교장 자체해결과 관계회복

상처를 치유하기 위한 접근

Part 5
학교폭력의 다양한 문제

다양한 상황에서의 지혜로운 문제해결

Part 6

학교폭력과 심의위원회

학교폭력대책심의위원회의 역할과 고민

Part 7

학교폭력의 마무리

학교폭력, 어떻게 작별할 것인가

Part 1

학교폭력의 개념과 범위

학교폭력, 제대로 알고 이해하기

01

장난이 학교폭력이 되는 순간

● ●

쉬는 시간에 희수(초4, 남)는 친구들과 장난을 치면서 놉니다. 이때 희수가 치열(초4, 남)의 의자를 갑자기 뺐고, 그로 인해 치열이 넘어지면서 엉덩방아를 찧고 꼬리뼈가 부러져 전치 8주의 진단을 받았습니다.

희수 측은 치열이 다치게 되어 안타깝지만 장난을 치다가 일어난 안전사고라고 주장하고, 치열 측은 희수가 갑자기 의자를 빼는 바람에 심하게 다쳤다며 학교폭력이라고 주장하며 신고하였습니다.

희수의 행위는 장난일까요? 학교폭력일까요?

희수의 행위는 장난을 넘어 학교폭력으로 인정될 가능성이 높습니다. 왜냐하면 희수가 치열의 의자를 뺄 때 치열이 넘어져 다칠 수 있다는 예측이 가능하다는 점, 그리고 이로 인해 실제로 치열이 심각한 신체적 피해를 입었기 때문입니다.

장난은 함께 즐거워야 하는데 자신만 즐겁고 상대방이 괴로움을 느낀다면 이는 장난을 넘어 학교폭력이 될 수 있습니다. 실제로 학교에서는 장난이 지나쳐 상대방을 다치게 하거나 큰 위험에 빠뜨리는 경우가 자주 발생합니다. 따라서 학생들이 친구들과 친해지기 위해 하는 행위일지라도 상대방의 기분이나 안전을 꼭 살피면서 행동하도록 교육해야 합니다.

알아두세요!
학교폭력의 범위

평소 학생들은 친구들 간에 다양한 상호작용을 합니다. 이 과정에서 사안이 발생하면 학교폭력인지 아닌지 애매한 경우가 많고 각자의 입장에 따라 주장이 달라 갈등이 커지는 경우가 허다합니다.

학교폭력예방법 제2조에 따르면 "학교폭력"이란 학교 내외에서 학생을 대상으로 발생한 상해, 폭행, 감금, 협박, 약취 · 유인, 명예훼손 · 모욕, 공갈, 강요 · 강제적인 심부름 및 성폭력, 따돌림, 사이버 따돌림, 정보통신망을 이용한 음란 · 폭력 정보 등에 의하여 신체 · 정신 또는 재산상의 피해를 수반하는 행위를 말합니다.

그렇다면 법원의 판단은 어떨까요?

학교폭력은 폭행, 명예훼손·모욕 등에 한정되지 않고 이와 유사하거나 동질의 행위로서 학생의 신체·정신 또는 재산상 피해를 수반하는 모든 행위를 포함한다. **[서울행정법원 2014구합250판결]**

지금까지의 판례를 보면 대체로 학교폭력의 개념을 범죄 행위에 국한하지 않고 피해학생에게 신체, 정신 또는 재산상의 피해를 수반하는 모든 행위로 광범위하게 보고 있습니다. 상대방에게 불쾌감이나 피해를 주는 언행은 하지 않도록 하고, 혹 잘못을 하였다면 즉시 사과하고 재발하지 않도록 노력하는 태도를 갖도록 학생들을 지도해야 하는 중요한 이유가 여기에 있습니다.

02
절도는 학교폭력일까, 학칙위반일까?

• •

다울(중3, 남)은 호기심에 시작한 온라인 도박으로 모아둔 용돈을 모두 잃자 친구들에게 돈을 빌려 도박을 했고 빚 독촉을 받고 있었습니다. 다급해진 다울은 비어 있는 옆 교실에 들어가서 돈을 훔쳐 나오다가 이를 수상하게 여긴 선생님에 의해 현장에서 붙잡혔습니다.

학교에서는 다울의 교육과 선도를 위해 학교폭력 사안으로 처리할지, 생활교육위원회(선도위원회)를 열어 징계를 해야 할지 의견이 분분합니다. 어떻게 해야 할까요?

만약 다울이 특정 학생을 괴롭힐 목적으로 돈을 훔친 정황이 있거나, 특정 학생이 자신의 돈을 고의로 훔쳐서 정신·재산상의 피해를 입었다고 주장하는 상황이라면 학교폭력 사안으로 접수하여 처리하는 것이 적절합니다. 이는 학생을 대상으로 일종의 폭력적 행위가 있었고 그에 따른 피해가 수반되었다고 볼 수 있기 때문입니다. 그러나 다울의 행위가 불특정 학생의 돈을 훔친 것, 즉 단순 절도에 해당한다면 학교규칙 위반에 따른 징계 대상으로 보아야 할 것이고 학교에서는 생활교육위원회를 열어 다울을 징계할 수 있습니다.

알아두세요!
학생 징계 절차의 3가지 유형

잘못을 저지른 학생에 대한 징계 절차로는 다음과 같이 세 가지 유형이 있습니다.

- 「학교폭력예방법」에 근거하여 학교폭력 가해학생에 대해 심의위원회에서 선도 · 교육 조치를 내리는 경우
- 「초 · 중등교육법」에 근거하여 학교 규칙을 위반한 학생에 대해 생활교육위원회(선도위원회)를 개최하여 징계를 하는 경우
- 「교원지위법」에 근거하여 교육활동 침해행위를 한 학생에 대해 교권보호위원회를 통해 조치하는 경우

학교폭력은 법 집행의 강제성 측면에서 나머지 두 유형과 차이가 있습니다. 학교폭력 가해학생에 대해서는 반드시 교육 · 선도 조치를 내려야 하지만, 학칙위반 학생은 학교장이 징계 여부를 결정할 수 있

고, 교육활동 침해 행위는 경미한 경우(「교육활동 침해 행위 및 조치 기준에 관한 고시」에 따라 0~4점이 나온 경우) '조치없음'으로 처리될 수 있다는 점입니다.

참고로, 하나의 행위에 대해 여러 개의 절차를 동시에 진행할 수는 없는데, 이는 목적 실현과 수단 사이에 합리적인 비례 관계가 유지되어야 한다는 비례원칙에 반하여 학생을 부당하게 처벌하는 것으로 볼 수 있기 때문입니다. 이중 처벌이기도 합니다.

만약 교육활동 침해로 접수하였지만 교육활동 침해 행위가 아니라고 판단된 경우, 또는 학교폭력으로 접수하였으나 '학교폭력 아님' 결정(신고 학생의 불복도 없음)이 나오면 학교규칙위반 사항에 대해 학생생활교육위원회를 통해 징계할 수 있습니다.

03

초등학생이 유치원생을 성추행했어요

● ●

유민(초5, 남)은 병설유치원에 다니는 세윤을 으슥한 곳으로 불러서 여러 차례 성기를 만지는 행위를 하였습니다. 이를 신고받은 학교는 어떻게 해야 할까요?

얼핏 학교폭력으로 처리해야 한다고 생각할 수 있는데 그렇지 않습니다. 유치원은 학교폭력예방법에 따른 학교(초·중·고·특수 및 각종학교)에 해당하지 않아 학교폭력으로 볼 수 없기 때문입니다. 그렇다면 유민과 세윤에 대해 학교는 무엇을 할 수 있을까요?

우선, 학교장은 「초·중등교육법 시행령」 제31조에 근거하여 학칙위반을 이유로 유민에게 학교 내 봉사, 사회봉사, 특별교육이수, 출석정지 중 어느 하나에 해당하는 조치를 할 수 있습니다. 이와 별도로 성추행을 한 유민에 대해서는 교육지원청 Wee센터나 지역의 청소년

상담복지센터 등과 연계하여 심리상담 등의 지원을 받도록 보호자와 상의하고, 유치원생인 세윤은 성폭력 피해와 관련하여 해바라기센터에 상담 등 도움을 요청해 볼 수 있습니다.

또 한 가지! 교원은 아동·청소년 대상 성범죄 신고의무자입니다. 초등학교 5학년생이 유치원생의 성기를 만진 행위는 형법상 강제추행에 해당할 수 있는 성범죄로, 「아동·청소년의 성보호에 관한 법률」(이하 '청소년성보호법')에 따라 수사기관에 즉시 신고해야 합니다. 피해아동 보호자가 신고를 원하지 않는다고 해도 마찬가지입니다.

알아두세요!

수사기관에 신고된 초등학생에 대한 처벌

수사기관에 신고된 초등학생은 어떤 처벌을 받게 될까요?

만 14세 미만인 경우라면 형사미성년자로서 형사 책임을 물어 처벌할 수 없습니다. 그러나 만 10세 이상 14세 미만이면 촉법소년에 해당하고, 「소년법」에 따라 소년부 판사가 보호처분을 할 수 있습니다.

- 「소년법」 제32조에 따른 보호처분의 종류
  1. 감호 위탁(보호자 또는 보호자를 대신하여 보호할 수 있는 자에게)
  2. 수강명령
  3. 사회봉사명령

4. 단기 보호관찰

5. 장기 보호관찰

6. 아동복지시설이나 소년보호시설에 감호 위탁

7. 병원, 요양소 또는 의료재활소년원에 위탁

8. 1개월 이내 소년원 송치

9. 단기 소년원 송치

10. 장기 소년원 송치

가해자가 아동·청소년인 경우, 연령에 따른 관련법상의 처벌 여부는 다음과 같습니다.

·········· 만 10세 ··············	·········· 만 14세 ··············	·········· 만 19세
• 만 10세 미만	**촉법소년** • 만 10세 이상 14세 미만 • 형벌 법령에 저촉되는 행위를 한 자	**범죄소년** • 만 14세 이상 19세 미만 • 형벌 법령에 저촉되는 행위를 한 자
형사책임 無 보호처분 無	**형사책임 無 보호처분 가능**	**형사책임 有 보호처분 가능**

형사 미성년자

04
정당방위일까, 쌍방 학교폭력일까?

• •

놀이터에서 수민(초3, 여)이 재우(초1, 남)에게 모래를 뿌렸고, 재우가 하지 말라고 했으나 수민은 계속 모래와 자갈을 뿌렸습니다. 참다 못한 재우가 돌멩이를 집어 수민에게 던졌고 수민의 종아리에 맞아 피가 흘렀습니다. 수민의 보호자는 4주 진단서를 제출하며 재우를 학교폭력 가해자로 신고하였고, 재우의 보호자는 재우가 자신을 괴롭힌 아이에게 방어 차원에서 대응한 것뿐이라며 억울해합니다. 학교는 어떻게 해야 할까요?

우선, 재우가 던진 돌멩이로 상해를 입은 수민이 학교폭력 신고를 하였으므로 학교는 사안을 접수하고 처리해야 합니다. 그리고 재우의 보호자에게는 학교폭력예방법에 근거하여 피해학생 또는 그 보호자가 요청하는 경우와 학교폭력이 발생한 사실을 학교장이 신고받거나 보고받은 경우에 학교는 사안을 접수하여 처리해야 함을 안내할 필요가 있습니다. 만약 재우의 보호자 역시 모래와 자갈을 뿌린 수민의 행위에 대해 학교폭력으로 신고를 하게 되면 학교는 이를 접수하여 쌍방 사안으로 처리하게 됩니다.

물론 학교폭력에서 이처럼 '눈에는 눈, 이에는 이!'라는 방식은 바람직하지 않습니다. 피해 상황에 마주쳤을 때 어떻게 대처하는 것이 지혜롭고 안전한 것인지, 우리 아이들의 건강한 성장을 위해 무엇이 적절한 대응인지 사전에 아이들과 충분히 이야기를 나누면 좋을 듯합니다.

알아두세요!
정당방위의 인정 여부

형법상 정당방위가 성립하려면, 현재의 부당한 침해가 있어야 하고, 상대방의 부당한 공격에서 벗어나거나 이를 방어하려고 한 행위여야 하며, 방위행위에 상당한 이유가 인정되어야 합니다. 다만, 아래와 같이 싸움에서 정당방위가 인정되기란 쉽지 않습니다.

서로 격투를 하는 상호 간에는 공격행위와 방어행위가 연속적으로 교차되고 방어행위는 동시에 공격행위가 되는 양면적 성격을 띠는 것이므로 어느 한쪽 당사자의 행위만을 가려내어 방어를 위한 정당행위라거나 또는 정당방위에 해당한다고 보기 어렵다. [대법원 1984.9.11. 선고 84도1440판결 등 참조]

정당방위의 논리가 학교폭력 사안처리에 그대로 적용되는 것은 아니지만, 심의위원회에서도 참고는 할 수 있을 것입니다. 즉 학교폭력 사안에서 소극적인 방어의 한도를 벗어나 싸움으로 번진 경우라면 정당방위로 인정되지 않을 수 있습니다. 먼저 때렸거나 더 많이 때린 사람만 가해학생이 되는 것은 아님에 주의해야 합니다.

만약 쌍방 폭력이 발생하였다면 양측 학생과 보호자의 입장을 충분히 경청한 후, 어떤 경우에도 폭력 행위가 용납될 수 없음에 대해 인식하고 반성하며, 재발 방지와 관계회복을 위해 노력하는 자세를 갖도록 교육해야 할 것입니다.

05

학생이 교사를 폭행하면 학교폭력인가요?

• •

권 선생님은 수업시간에 휴대폰을 몰래 보면서 킥킥거리고 웃는 상진에게 반복적으로 주의를 주었지만 듣지 않자 상진의 휴대폰을 수거하려 했고, 이에 격분한 상진이 자리에서 일어나 권 선생님에게 욕을 하고 주먹으로 얼굴을 가격하였습니다. 학생이 선생님을 폭행하는 경우 학교폭력 사안으로 처리해야 할까요?

학교폭력예방법상 학교폭력은 학생을 대상으로 폭력을 행사한 경우이므로, 피해자가 선생님인 경우에는 학교폭력 사안에 해당하지 않습니다. 대신 교원지위법에 따라 교권보호위원회를 열어 교육활동 침해 학생에 대해 필요한 조치를 할 수 있고, 학교장은 피해를 입은 교원에 대해 보호조치를 하여야 합니다.

그렇다면 선생님이 학생을 폭행한 경우는 어떨까요? 피해자가 학생이므로 학교폭력 사안에 해당하고, 필요시 피해학생에 대한 보호 조치를 할 수 있습니다. 다만 학교폭력예방법 제5조에 근거하여 아동학대로 신고 접수된 사안의 경우 학교폭력 사안처리 적용을 제외할 수 있으며, 이 경우 학교에서는 피해아동 보호를 위해 관계 기관에 적극적으로 협조하며 지속적 보호를 위해 노력해야 합니다.

알아두세요!
교육활동 침해 행위와 학생생활지도 권한

최근 교육활동 침해의 증가와 수업 방해 행위의 다변화로 인해 정상적인 교육활동을 심각하게 저해한다는 현장 의견이 자주 제기되었습니다. 이에 교육부는 「교육활동 침해 행위 및 조치 기준에 관한 고시」에 '교원의 정당한 생활지도에 불응해 의도적으로 교육활동을 방해하는 행위'를 교육활동 침해 행위 유형으로 새롭게 규정(2023.3.23. 시행)하였습니다. 또한 「초·중등교육법」개정(2023.6.28. 시행)을 통해 학생 생활지도 권한을 법제함으로써 교원이 수업 방해 행위에 적극 대응할 수 있는 근거가 마련되었으며, 2023년 8월 교육부는 '교권 회복 및 보호 강화 종합방안'의 발표와 함께 「교원의 학생생활지도에 관한 고시」(2023.9.1. 시행)을 발표하였습니다. 앞으로 수업 혁신의 주체로 선생님이 교육 활동에 더욱 전념하고, 모든 학생들의 학습권이 보다 잘 보장될 수 있기를 기대해 봅니다.

「초 · 중등교육법」 개정 (2023.6.28. 시행)

제20조의2 (학교의 장 및 교원의 학생생활지도) 학교의 장과 교원은 학생의 인권을 보호하고 교원의 교육활동을 위하여 필요한 경우에는 법령과 학칙으로 정하는 바에 따라 학생을 지도할 수 있다.

「초 · 중등교육법 시행령」 개정 (2023.6.28. 시행)

제40조의3 (학생생활지도) ① 학교의 장과 교원은 법 제20조의2에 따라 다음 각 호의 어느 하나에 해당하는 분야와 관련하여 조언, 상담, 주의, 훈육 · 훈계 등의 방법으로 학생을 지도할 수 있다. 이 경우 도구, 신체 등을 이용하여 학생의 신체에 고통을 가하는 방법을 사용해서는 안 된다.

1. 학업 및 진로
2. 보건 및 안전
3. 인성 및 대인관계
4. 그 밖에 학생생활과 관련되는 분야

06

피해학생의 보호자가 가해학생을 혼냈다면?

● ●

아이들이 등교하는 시간, 규현의 엄마는 4학년 3반 교실 문을 박차고 들어왔습니다. 지민을 발견하고는 "규현이를 왜 자꾸 괴롭혀?"라고 야단쳤고, 지민이 복도로 나가려 하자 머리카락을 잡아당기며 "어딜 도망가! 한 번만 더 그래봐, 학교 못 다니게 할 거야."라며 엄포를 놓았습니다. 이를 알게 된 지민의 엄마는 규현의 엄마를 학교와 경찰에 신고하였습니다. 학교는 어떻게 해야 할까요?

학교폭력예방법상 학교폭력은 학생을 대상으로 한 폭력 행위이므로 규현의 엄마가 지민에게 한 행위는 학교폭력에 해당할 수 있습니다. 다만, 가해자가 학생이 아닌 학교폭력 사안으로 학교장 자체 해결로 처리할 수 없고, 피해학생 보호만을 위한 심의위원회 개최 요청이 가능합니다. 이때 피해학생 측이 심의위원회 개최를 원하지 않으면 미개최 동의서를 받아 교육지원청에 보고하면 종결됩니다. 만약 아동학대로 신고가 이루어져 피해학생의 보호 및 가해 학부모에 대한 조치가 이루어지고 있다면 학교폭력 사안처리는 생략 가능합니다.

학교폭력이 발생했을 때 학부모가 직접 상대측 아이를 훈계하거나 지도하는 것은 또 다른 학교폭력이나 아동학대 사건으로 문제가 될 수 있음을 학부모 교육이나 보호자 면담 시 꼭 안내하는 것이 좋습니다.

알아두세요!

아동학대범죄에 대한 교사의 신고 의무

앞의 사례에서 학교는 규현의 엄마를 아동학대로 신고해야 하는 걸까요?

학교는 지민의 보호를 위해 규현의 엄마를 아동학대로 신고할 수 있습니다. 다만, 신고 의무가 발생한다고 보지는 않습니다. 왜냐하면 교직원의 신고 의무는 '아동학대범죄를 알게 된 경우나 그 의심이 있는 경우'에 발생하는데, 아동학대범죄는 '보호자에 의한 아동학대'로서 규현의 엄마는 지민의 보호자로 볼 수 없기 때문입니다.

그런데 명확한 아동학대범죄를 인지한 경우에도 학교가 신고를 주저하는 경우가 있습니다. 이를 위해서는 먼저 신고와 고소 · 고발의 차이를 이해할 필요가 있습니다. '신고'란 국민이 법령의 규정에 따라 행정 관청에 일정한 사실을 진술 · 보고하는 일을 의미합니다. 따라서 범죄의 피해자나 다른 고소권자, 제3자가 범죄 사실을 수사 기관에 신고하여 그 수사와 범죄의 기소를 요구하는 고소, 고발과는 구별됩니다.

학교가 수사기관 등에 반드시 신고해야 하는 경우는 '아동학대범 죄를 알게 된 경우나 그 의심이 있는 경우', 그리고 '아동 · 청소년 대 상 성범죄를 알게 된 경우'입니다.

학교폭력과 유사한 개념

구분	학교폭력	성범죄	아동학대	아동학대범죄
관련 법령	학교폭력예방법	청소년성보호법	아동복지법	아동학대처벌법
가해자	제한 없음	제한 없음	보호자를 비롯한 성인	보호자
피해자	학생	아동 · 청소년 (19세 미만)	아동 (18세 미만)	아동 (18세 미만)

07
학교폭력을 신고했는데 취소가 가능한가요?

● ●

방과후 교육에 참여하고 있는 지완(초3, 남)은 5학년 누나가 "니네 엄마는 가정교육을 어떻게 한 거야, 너 혼날래?"라고 하였다며 엄마에게 전화를 걸었고, 지완의 엄마는 화가 나서 학교폭력으로 신고했습니다. 그러나 학교로부터 자초지종을 들어보니 지완이 먼저 놀렸다는 것을 알고, 학교폭력이 아닌 것 같다며 사안처리를 하지 말아 달라고 합니다. 이처럼 막상 조사를 해보니 학교폭력이 아닌 것 같은데 어떻게 하면 좋을까요?

학교폭력으로 신고 접수가 되었다면 취소가 불가합니다. 하지만 교육부 지침에 따라, 사안 조사 결과 학교폭력이 아니었던 경우 학교장은 전담기구 회의를 통해 '학교폭력 아님'을 명확하게 확인하고 교육지원청에 보고하여 종결할 수는 있습니다.

알아두세요!

사안 조사 결과 학교폭력이 아닌 사안 (예시)

- 제3자가 신고한 사안에 대한 사안 조사 결과 오인 신고였던 경우
- 학교폭력 의심 사안(징후 발견 등)에 대한 조사 결과 학교폭력이 아니었던 경우
- 피해학생(보호자)이 오인 신고였음을 스스로 인정하고 조사 결과 학교폭력이 아니었던 경우

만약 앞의 사례에서 지완의 엄마가 오인 신고였음을 인정한다면 전담기구 확인을 거쳐 학교폭력이 아닌 사안으로 종결 처리할 수는 있습니다. 갈등 상황이 발생한 경우, 신속하게 내용을 확인한 후 양측 보호자에게 알려 오해를 풀어야 할 필요가 있는 것이지요.

다만, 이는 교육부 지침에 따른 것으로 법령상의 절차가 아니므로 이러한 경우에도 피해학생 및 보호자가 심의위원회 개최를 요청하면 반드시 심의위원회를 개최하여 처리해야 합니다.

학교폭력이 아닌 사안의 종결 처리 보고서(양식)

사안번호 : (   )학교 2023-(   )호

---

1. 일 시 :   년   월   일(요일)   시   분
2. 장 소 :
3. 참석자

　○○○○○　　　　　　○○○　　　　　　○○○
　○○○○○　　　　　　○○○　　　　　　○○○

---

4. 회의 주제 : 사안번호 2023-00호 (   )에 대한 학교폭력 아닌 사안인지 여부 확인

---

5. 회의 내용

　※ 전담기구 사안 조사 내용
　•
　•
　•

　※ 필수 확인 사항

학교폭력이 아닌 사안으로 종결 가능한 경우	해당 여부(O, X)
1. 제3자가 신고한 사안에 대한 조사 결과, 학교폭력이 아니었던 경우 (오인신고)	
2. 학교폭력 의심 사안(담임 교사 관찰로 인한 학교폭력 징후 발견 등)에 대한 조사 결과, 학교폭력이 아니었던 경우	
3. 피해학생(보호자)이 신고한 사안에서 피해학생(보호자)이 오인신고였음을 스스로 인정하고, 조사 결과 학교폭력이 아니었던 경우	

6. 확인 사항
　•
　•

• 전담기구는 학교폭력 아닌 사안으로 확인되는 경우, 동 보고서를 첨부하여 교육지원청에 보고
• 피해학생 및 보호자가 심의위원회 개최를 요청할 경우 반드시 심의위원회를 개최하여 처리해야 함. 단, 심의위원회에서 '학교폭력 아님'으로 결정할 경우 '조치없음'으로 처리함.

　　　　　　　　　　　　　　　　- 출처 : 학교폭력 사안처리 가이드북(2023, 교육부)

Part 2
학교폭력 예방하기
단계별 골든타임을 잡아라!

08
관심과 관찰은 학교폭력 예방의 시작

● ●

"화장실 변기에 발자국이 찍혀 있어요. 안에서 볼일 보는 학생을 향해 밖에서 문을 발로 차는 아이들이 있어요." "여왕놀이라면서 가방을 들게 하거나 학교 앞 편의점에서 무언가 사달라고 해요. 애들끼리 욕을 심하게 해요." 등 시설미화원님이나 배움터지킴이 선생님으로부터 다양한 정보를 들을 때가 있습니다.

학교폭력은 사안으로 발전하기 전에 이를 미리 감지하고 예방하는 것이 중요합니다. '하인리히의 법칙'이나 '깨진 유리창 이론'이 말해 주듯 학교폭력이 처음부터 발생하는 경우는 드뭅니다. 여러 가지 작은 조짐들이 나타나고 이것이 해소되거나 해결되지 않으면서 학교폭력 사안으로 이어지는 경우가 대부분이기 때문입니다.

따라서 학교에서는 주위의 이야기에 귀를 기울이고 사소한 문제라도 그냥 넘기지 않고 적기에 학생들을 지도할 때 학교폭력을 예방할 수 있습니다.

하인리히의 법칙
어떤 대형 사고가 발생하기 전에는 같은 원인으로 수십 차례의 경미한 사고와 수백 번의 징후가 반드시 나타남. 큰 재해는 항상 사소한 것들을 방치할 때 발생한다는 것.

깨진 유리창 이론
자동차의 작은 깨진 유리창과 같은 사소한 무질서가 더 큰 범죄와 무질서 상태를 가져올 수 있음. 사소한 무질서에 대해서 경각심을 가지고 질서정연한 상태로 유지하는 것이 더 큰 범죄를 막을 수 있음.

전문가 한마디!

학교폭력 조기 감지와 예방의 중요성

학교에서는 교직원 모두가 학생들을 세심하게 관찰하여 학교폭력의 사각지대가 없도록 노력하는 것이 필요합니다. 쉬는 시간이나 방과 후, 특히 사이버상에서 일어나는 일들은 선생님과 부모님이 쉽게 알아차리기 어려운데, 문제가 장기간 지속되다가 사건이 불거지게 되면 그만큼 해결도 어렵게 됩니다.

학교에서는 평소에 학생들을 자세히 관찰하고 대화하는 것이 중요합니다. 학급에서는 정기적인 설문조사나 학급회의, 개별 상담을 실시하여 학교폭력을 사전에 감지합니다. 또한 대화 모임이나 집단 상담 프로그램 운영 등을 통해 학생들 간의 갈등을 조기에 해소함으로써 학교폭력 사안으로 발전하지 않도록 노력해야 합니다.

학교폭력 조기 감지를 위한 교직원의 역할을 구체적으로 제시하면 다음과 같습니다.

- 등교할 때 학생들의 표정과 모습을 살핍니다.
- 언어 사용 습관(욕설, 별명, 성적인 표현 등)에 귀 기울입니다.
- 쉬는 시간, 점심시간에 어디서 무엇을 하고 노는지 관찰합니다.
- 다툼이나 갈등, 따돌림 등 교우 관계에 대해 관찰하고 상담합니다.
- 화장실 변기에 올라가거나 불법 촬영 여부 등을 수시로 점검합니다.
- 주변 놀이터, 편의점 등을 둘러보거나 학부모 모니터링을 실시합니다.
- 배움터 지킴이, 시설미화원 등으로부터 정보를 수집합니다.
- SNS, 휴대폰 사용에 대해 가정과 연계하여 살피고 지도합니다.

09
사이버폭력 피해 예방과 대처법

● ●

아이들의 스마트폰 사용을 걱정하시는 학부모들이 많습니다. 하루 종일 스마트폰에 빠져 있는 아이를 볼 때 여러 가지 생각이 드는 건 당연할 테지요. 학생들의 스마트폰 사용이 보편화되고 SNS 소통이 활발해지면서 사이버 학교폭력 또한 급격히 증가하고 있습니다. 단체 대화방에서 험담이나 비하, 특정 친구 배제하기, 성희롱적인 대화나 저격글, 성적 수치심을 주는 그림이나 동영상 유포 행위가 대표적입니다. 나아가 다른 사람의 계정이나 아이디를 도용하거나, 채팅 어플을 이용하여 특정 신체 부위를 보여 달라고 하고, 동영상을 저장하여 음란 사이트에 올리거나 이를 빌미로 협박을 하는 등 디지털 성범죄로 인한 피해도 심각합니다. 최근에는 메타버스, 즉 3D 가상 세계 플랫폼에서 아바타에 대한 성적인 괴롭힘 등 새로운 형태의 폭력도 문제가 되고 있습니다.

사이버폭력 피해를 예방하고 대처하기 위해서는 어떻게 해야 할까요?

우선, 문자나 톡으로 욕설이나 협박성 문자가 오면 어떠한 대응도 하지 않고 부모님이나 선생님께 즉시 알리도록 해야 합니다. 인터넷 게시판 등에서 공개적인 비방 및 욕설의 내용은 일단 저장하도록 지도할 필요가 있습니다. 사이버폭력의 피해자가 되지 않는 것뿐만 아니라 가해자가 되지 않도록 교육하는 것이 중요한 것은 물론입니다.

아울러, 불특정 다수에게 공개되는 사이버폭력으로 인해 피해를 입은 학생은 보다 심각한 정신적 피해를 입을 수 있으므로 상담교사나 상담센터와 연계하여 상담을 받을 수 있도록 해주어야 합니다. 가해학생에 대해서는 교사가 증거를 철저하게 확보한 후, 사이버폭력을 지속하지 않도록 지도해야 합니다.

전문가 한마디!

교육을 하는데도 학교폭력이 자꾸 발생한다면?

학교폭력예방법에 따라 학교장은 학기별 1회 이상 학생, 교직원 및 학부모에 대한 학교폭력 예방 교육을 실시해야 합니다. 하지만 일회성의 형식적인 교육으로는 한계가 있습니다. 장기적이고 체계적인 예방 교육을 통해 '평화롭고 안전한 공동체 문화가 형성'될 수 있어야 하지요. 그렇게 되면 사안이 발생해도 문제해결이 용이하고 분쟁을 최소화할 수 있습니다.

장기적이고 체계적인 학교폭력 예방교육 방안은 다음과 같습니다.

첫째, 학교폭력 예방 풍토 조성이 필요합니다. 학교 관리자를 필두로 모든 선생님들이 학교폭력예방과 근절에 대한 관심과 의지를 확실하게 보여주도록 합니다. 가정통신문과 소식지, 플래카드나 게시물을 통한 홍보, 교육공동체 캠페인, 평소 수업시간에 학교폭력 예방과 근절을 강조합니다.

둘째, 학교폭력의 심각성에 대한 인식을 공유하고 확산시킵니다. 이를 위해 학교폭력이 왜 비도덕적인지, 얼마나 심각한지 등에 대해 함께 학습하고, 토론하며, 전문가 특강 등 다양한 예방교육 프로그램을 운영합니다.

끝으로, 학교폭력 예방과 대처를 위한 행동 요령을 익히고 실천하도록 합니다. 학생, 교사, 학부모 등 대상별로 사례를 활용한 실습, 역할극 등을 통해 구체적인 행동 요령을 익히도록 합니다. 만약 학교폭력 상황이 발생하면 교육한 내용과 절차에 따라 함께 소통하고 문제해결을 위해 노력합니다.

참고로, 학교폭력 없는 평화로운 학교 공동체를 위한 가정통신문을 예시로 제시합니다. 학교의 여건에 맞게 수정해서 활용하면 됩니다.

학교폭력 없는 평화로운 학교공동체를 위한 협조 요청 가정통신문(예시)

학부모님께

학교 교육에 대한 관심과 성원에 진심으로 감사드립니다.

아뢰올 말씀은, 학생들이 보다 안전하고 평화로운 학교생활을 할 수 있도록 교육공동체가 함께 지키고 노력해야 할 사항으로 새학기를 맞아 안내해 드리오니 적극 협조하여 주시기 바랍니다.

하나. 바르고 고운 말, 배려하는 말(감사합니다, 죄송합니다 등)을 일상생활 속에서 습관화합니다.

하나. 상대방에게 불쾌감이나 피해를 주는 언행은 하지 않으며, 혹 잘못을 하였다면 즉시 사과하고 재발하지 않도록 노력합니다.

하나. 나와 타인의 개인정보를 소중히 여기고, 다른 사람을 비방하거나 비방하는 말을 전하지 않습니다.

하나. 허위정보, 확인되지 않은 사실, 또는 사실 여부와 상관없이 개인의 명예가 훼손될 수 있는 내용을 SNS 등을 통해 유포하지 않습니다.

하나. 사소한 갈등과 다툼은 담임 선생님과 문제해결을 위해 노력하고, 어렵거나 반복된다면 교감, 교장 선생님께 도움을 청합니다.

하나. 학교폭력 예방을 위해 함께 노력합니다. 방과 후, 휴일, 방학, 사이버 공간의 문제(욕설, 비방, 따돌림 등)에 대해 가정에서 더욱 관심을 가지고 협력합니다.

하나. 학교폭력 피해를 당하거나 알게 되면 즉시 신고합니다. 만약 학교폭력 사안에 관련이 되면 법령과 지침에 따른 진행 절차에 적극 협조합니다.

하나. 학교는 객관적이고 공정하게 사안을 처리하며, 학생들의 관계회복을 위한 상담 프로그램 등 교육적 방안을 모색하고 안내합니다.

교육공동체 모두의 인권이 존중되는 안전하고 평화로운 학교를 위해 더욱 노력하겠습니다. 학부모님께서는 위 안내해 드린 내용에 대해 적극 협조해 주실 것을 당부드립니다. 감사합니다.

202 . 3. .

○○ **학교장**

10
학생들의 폭력 감수성을 높이는 법

• •

학교폭력 하면 무엇이 떠오르나요?

"장난이었어요."
"폭력으로 생각하지 않았어요."
"친구라서 그런 건데 상대방이 과민한 것 같아요."

이런 말들은 모두 표현이 조금씩 다를 뿐, 장난으로 그런 걸 왜 학교폭력으로까지 몰고 가냐는 의도가 숨어 있기도 합니다. 하지만 장난이 장난으로만 끝날 수 있을까요?

장난이었다는 의도와 관계없이 누군가에게 신체적, 정신적으로 피해를 주었다면 그것은 폭력이 될 수 있습니다. 자신의 행동을 합리화하고 축소하기보다 인정하고 사과하는 것이 필요하지요. 우리는 이렇게 타인에게 피해를 주는 행동이 폭력이라는 것을 인식하고 분별하는 능력을 '폭력 감수성'이라고 합니다.

많은 아이들은 폭력이 무엇인지, 피해 혹은 가해 상황을 인식조차 못 하는 경우가 있습니다. 그래서 상대방에게 불편을 줄 수 있는 행동은 폭력이 될 수 있다는 단순하지만 명확한 인식을 지도할 필요가 있습니다. 안전한 환경은 서로 옳고 그름이 무엇인지 정확히 알고 함께 공감하고 존중하며 지켜나가는 실천에서 시작한다는 것을 일상에서 교육하는 과정이 중요합니다.

이럴 땐 이렇게! [+]
폭력 감수성 점검하기

채팅방에서 다음과 같은 상황이 발생했다면 이것은 학교폭력일까요, 아니면 장난일까요?

▶ **상황(학생들의 의견을 묻고 생각을 나눠보세요.)**

B 야! 너희들 A가 얼마 전 아이돌 춤추는 영상 업로드한 거 봤어?

C 난 봤지 ㅋㅋ 자기가 연예인인 줄 알던데 표정 봤어?

B 완전 연예인이라고 착각 쩔던데 ㅋㅋ 완전 부담

A 너희들 나한테 왜 그래….

C 애들이 장난친 건데 너 왜 예민해?

B 어차피 관심 끌려고 업로드한 거 아니야? 친구끼리 이런 장난
도 못 쳐?

– 출처 : 유스메이트 아동청소년문제연구소 네이버 블로그
(https://blog.naver.com/youthmate91/223134169461)

▶ 예시(학생들은 어떤 생각을 하고 있나요?)

- A가 관심 끌려고 업로드한 것 같은데 아이들이 이야기한 게 뭐
가 문제죠?

- A가 불편한 내색을 표현했다면 아이들이 비난을 멈춰야 하는데
장난이라고 합리화하는 건 선을 넘은 행동 같아요.

- B와 C의 대화 의도는 A를 비난하려고 시작한 것 같아요. A의 기
분이 나쁠 수밖에 없죠. B와 C의 행동은 폭력 아닌가요?

나와 타인이 함께 존중하며 살아가는 사회 속에서 학생들이 어떤
관점으로 폭력을 이해하고 있는지 점검해 보는 과정은 매우 중요합니
다. 상대방에게 상처를 주는 말과 행동은 폭력이 될 수 있다는 것을 교
육하고 폭력에 대한 기준과 가치관을 점검하며 향상시켜주는 것이지
요. 따뜻한 관계를 잘 맺고 이어가며 풀어갈 수 있는 아이로 성장하도
록 조력해 주는 교육 현장의 역할이 곧 학교폭력 예방의 시작입니다.

11
친구 관계가 어려운 학생에게 도움 주기

● ●

"반에 친구들과 어울리지 못하는 학생이 있어요. 무리에 잘 끼지 못하고 겉돌다 보니 다른 학생들이 이 학생을 무시하네요. 이러다 학교폭력이 발생하지 않을까 걱정입니다."

아이들은 다양한 기질과 특성, 성향을 가지고 있습니다. 각자 자기의 방식으로 친구들을 만나며 학교라는 작은 사회 속에서 나름의 적응을 위한 준비를 하지만 때로는 속도가 다르다는 이유로, 자신의 방법과 다르다는 이유로 어려움을 겪기도 합니다.

아이가 학교와 또래 관계 속에서 잘 버틸 수 있도록 선생님이 '너를 믿고 지지하고 있다는 사실'을 표현해 주시는 건 어떨까요? 아이가 현재 어려움을 잘 해결해 나아갈 수 있는 힘이 있다는 것을 알려줌과 동시에 선생님과 먼저 긍정적인 관계 경험을 할 수 있도록 물꼬를 열어주는 것이지요.

그 후에는 현재 상황 속에서 무엇을 원하는지 물어봐주세요. 스스로 무엇을 원하는지 알고 표현할 수 있어야 타인과의 관계도 잘 형성할 수 있고, 서로 관계가 형성되고 공감이 되면 관계가 이어지고, 그 속에서 신뢰가 만들어집니다. 그렇게 새로운 관계를 경험한다면 조금은 편안하게 자신의 세계에서 또 다른 용기를 내어볼 수 있지 않을까요?

이럴 땐 이렇게! 🧰
친구들과 어울리지 못하는 학생 도와주기

친구 관계에 어려움이 있는 학생이 있다면 다음과 같은 활동을 학생과 함께해 보세요.

(감정 표현하기) 자신의 감정을 알고 표현할 수 있도록 도와주세요.
"지금 어떤 감정을 느꼈는지 선생님에게 이야기해 줄 수 있을까?"

(신뢰 표현하기) 아이는 문제를 해결할 수 있는 숨은 힘이 있습니다. 선생님이 아이를 신뢰하고 있다는 점을 알려주세요.
"선생님은 네가 현재 고민을 잘 해결할 수 있는 힘이 있는 사람이라고 생각해. 든든하게 함께 있어줄게."

(함께 고민하기) 아이가 선생님과 어려움을 해결할 수 있다는 것을 알 수 있도록 함께 대안을 고민해 주세요.

"네가 지금 원하는 것이 무엇인지 고민해 보는 건 어때? 어떻게 하면 너의 몸과 마음이 조금 더 편안해질 수 있을지 선생님과 함께 생각해 보자."

12
가스라이팅으로 인한 학교폭력의 예방

●●

    현경(중1, 여)은 사이버상에서 만나 친해진 민채(고2, 여)로부터 조건만남 사기로 돈을 벌자는 제안을 받았습니다. 위험할 것 같아 거절했지만 "언니가 있는데 뭐가 걱정이니? 재미로 한번 해보고 돈 생기면 반으로 나누자! 너는 시키는 대로 하기만 하면 돼."라면서 반복적으로 설득하자 마지못해 채팅 어플을 깔아서 성인 남자를 만나게 되었습니다. 길에서 돈과 담배를 받고 미성년자라고 하면서 도망치는 수법을 쓰다가, 한 번은 험상궂은 남자한테 붙들려갈 뻔하자 현경은 이 사실을 부모님께 알렸고, 현경 부모님은 민채를 학교폭력 가해자로 신고했습니다.

    민채는 현경에게 협박이나 강요를 하지 않았다고 하였고, 현경은 언니의 요구를 거절할 수 없었다고 주장합니다. 심의위원회는 힘의

우위와 친분을 이용하여 형사미성년자인 후배에게 조건만남 사기에 가담하게 하여 금전적인 이득을 챙기고, 후배를 위험한 상황에 처하게 하는 등 정신적 피해를 입힌 행위(일종의 가스라이팅을 통한 학교폭력 가해 행위)로 판단하여 엄중한 조치를 결정하였습니다.

학교에서는 가정과 연계하여 평소 학생들이 사이버상에서 방과 후에 누구와 어떻게 어울려 지내는지 관심을 가져야 합니다. 혹시라도 아이들이 어떤 위험한 상황에 놓일 수 있는지, 위험에 처했을 때 어떻게 도움을 요청해야 할지에 대해 실질적인 예방 교육을 실시하여 스스로를 지켜나갈 수 있는 힘을 길러주어야 합니다.

전문가 한마디!
학교폭력과 가스라이팅 예방

'가스라이팅'은 타인의 심리나 상황을 교묘하게 조작해 그 사람이 스스로를 의심하게 만듦으로써 타인에 대한 지배력을 강화하는 행위로 가정, 학교, 연인 등 주로 밀접하거나 친밀한 관계에서 이뤄지는 경우가 많습니다. 보통 수평적이기보다 비대칭적 권력으로 누군가를 통제하고 억압하려 할 때 이루어지게 됩니다.

전문가들은 가스라이팅 피해자임을 자각한다면 가스라이팅에서 벗어날 수 있다고 합니다. 하지만 아이들이 자각을 하지 못하거나 상황을 벗어나기 어려운 경우도 얼마든지 있을 수 있는데요, 따라서 학교에서는 학생 상담과 예방 교육을 통해 학생들이 이러한 위험에 처해 있는지 진단하고 대처할 수 있도록 교육을 실시할 필요가 있습니다.

학생 스스로 자신이 가스라이팅을 당하고 있는 것은 아닌지 의심해 보도록 하고, 그렇다는 생각이 들면 상대와 거리를 두는 것이 중요하다는 것을 알려주어야 합니다. 또한 피해 자각과 거리두기가 이뤄진 다음에는 상황을 객관적으로 봐줄 수 있는 전문가 등 제3자나 조력자를 찾아 그 피해 사실을 알리고 도움을 받도록 해야겠습니다.

13
사각지대가 많은 기숙사 학교폭력

● ●

솔이(고1, 여)는 기숙사가 있는 남녀공학 고등학교의 신입생입니다. '말투가 건방지다, 남학생을 꼬드긴다.' 등을 이유로 선배들로부터 방과 후에 기숙사, 식당 등에서 언어폭력과 집단 괴롭힘을 당했습니다. 선생님께 알렸지만 행동을 조심하고 참을 줄도 알아야 한다는 말을 들었습니다. 솔이는 견디다 못해 자해를 시도했고, 학교폭력이 접수되었습니다. 이 같은 기숙사 학교폭력, 어떻게 예방하고 피해학생은 어떻게 보호해야 할까요?

기숙사 학교는 피해학생이 방과 후에도 가해학생과 같은 공간에서 생활해야 하는 데다 보호자와 떨어져 지내고 있어 심리적 안정을 찾기가 어렵습니다. 사감 선생님이 있더라도 방 안에서 일어나는 은밀한 일까지 알기는 어렵지요. 따라서 예방 차원에서 정기적인 학생 상담이나 실태 조사를 실시하고, 학교폭력 취약 시간대에 순찰을 강화하며, 위험 발생 시 곧바로 도움을 요청할 수 있는 안전벨 등의 환경을 갖출 필요도 있습니다. 또한 학생이 보호자와 유선 통화로 자주 소식을 공유하고, 보호자는 자녀가 귀가하면 충분한 대화를 통해 자녀의 심리 상태 등을 파악해야 합니다.

사안이 발생하여 피해학생 요청이 있으면 학교장은 피해학생 긴급보호조치를 할 수 있습니다. 심리상담 및 조언, 일시보호, 그리고 그 밖에 필요한 조치로 피·가해자의 생활 공간과 동선을 분리할 필요가 있습니다. 침실 외에도 식당과 숙소 층간 분리, 여가시간 등 시·공간적 분리를 해주고, 피해학생 또래지킴이를 지정하는 방법도 적극 고려합니다. 분리가 어렵거나 사안이 중한 경우 학교장은 가해학생에 대한 긴급 교육·선도 조치를 적극 시행해야 함은 물론입니다.

알아두세요!
학교의 기숙사 점검 체크리스트

기숙사 학교는 일반 학교와 달리 시·공간적인 사각지대에 놓이게 됩니다. 그만큼 학교폭력의 조기 발견과 대처가 더욱 어려운데요. 더욱 세심한 관심과 24시간 관리시스템이 필요한 이유죠. 학교폭력 예방과 사안 발생 시 신속한 대응을 위한 '기숙사 점검 체크리스트'

를 활용하여 학생들이 안전하게 기숙사 생활을 할 수 있도록 해야겠습니다.

학교의 기숙사 점검 체크리스트(예시)

- (관리) 사감의 근무수칙(순회지도 등)을 수립하여 운영하고 있는가?

- (시설) 관리 취약시설에 대한 정기적인 순회 점검 계획을 마련하고 있는가?

- (시설) 남녀 학생이 구분 배치(건물, 층)되어 있으며, 출입통제가 되고 있는가?

- (관리) 기숙사생에 대한 외출, 외박 관리, 외부인 통제가 이루어지고 있는가?

- (사안) 학교폭력 사안 발생 시 즉시 신고할 수 있는 체계가 갖추어져 있는가?

- (사안) 학교폭력 발생 시 피해학생과 가해자 분리 계획이 마련되어 있는가?

- (관리) 기숙사생에 대한 상담 및 심리·정서적 지원 방안이 마련되어 있는가?

- (관리) 기숙사 운영 계획에 학교폭력 예방교육 계획이 포함되어 있는가?

- (사안) 기숙사생을 대상으로 별도의 학교폭력 예방교육(연2회 이상)을 실시하였는가?

– 출처 : 학교폭력 사안처리 가이드북(2023, 교육부)

14
방관자가 될 것인가, 방어자가 될 것인가?

• •

수민(중3, 여)은 학원을 가던 중에 후미진 곳에서 같은 반 친구인 현경을 보고 다가갔습니다. 다가가서 보니 현경이 고등학생 언니들과 담배를 피우면서 중학생 한 명을 둘러싸고 욕을 하면서 신체를 때리고 있었습니다. 수민은 맞고 있는 중학생과 순간적으로 눈이 마주치자 당황하여 그 자리를 벗어났습니다.

며칠 뒤, 학교에서 수민과 현경을 학교폭력 가해자로 조사하겠다고 합니다. 수민은 우연히 상황을 목격했을 뿐인데 가해자 취급을 당하는 것이 억울하고 처벌받게 될까봐 겁이 납니다. 폭력 상황을 목격한 것만으로도 가해자가 될 수 있을까요?

학교폭력예방법상 '가해자'는 학교폭력을 직접 행사하거나 가담한 자를 말합니다. 수민이가 우연히 폭행 장면을 목격하고 그냥 지나쳤다면 심의위원회에서는 학교폭력에 가담했다고 보기 어렵다는 이유로 수민을 단순 방관자로 보고 가해학생이 아니라고 판단할 가능성이 높습니다. 그러나 가해학생들과 함께 피해학생을 둘러싸고 피해학생이 도망갈 수 있는 통로를 막고 있었다거나, 폭행 장면을 지켜보는 중에 피해학생이 수민으로부터 모멸감이나 두려움을 느꼈다면 수민은 학교폭력에 가담한 학생으로 조치를 받을 수도 있습니다.

전문가 한마디!
학교폭력 방어자로 교육하기

학교에서는 방관자가 아닌 방어자로서 역할을 할 수 있도록 지도해야 합니다. 학교폭력 피해 상황에 처하면 신속하게 상황을 벗어나 도움을 청하도록 합니다. 만약 학교폭력 상황을 목격하면 동조하지 않아야 하고 방관하는 태도 역시 적절하지 않습니다. "우린 너의 행동이 불편해. 하지 않았으면 좋겠어!"라고 자신의 감정과 생각을 표현하거나 피해로 힘들어하고 있는 학생에게 다가가 "괜찮아? 내 도움이 필요하면 언제든지 이야기해."라고 용기 있게 말하며 방어자가 되어주는 학급 문화를 만들 수 있도록 지도하는 것도 도움이 될 수 있습니다.

학교폭력 피해자 도움 행동에 대한 오해

• **또래 괴롭힘, 학교폭력이 나에게 일어나지 않을 것이다.**

→ 또래 괴롭힘, 학교폭력은 누구에게나 일어날 수 있다.

※ 무리 안에서 가해자가 피해자가 되고 피해자가 가해자가 되는 일이 반복되었어요. 그러다 보니 그 안에서 누가 당하는 걸 봐도 '이번에는 저 애가 당하네'라고 그냥 한번 보고 말게 되는 것 같아요. (중2 여학생)

• **학교폭력인지 아닌지 확신이 없었다.**

→ 상대방에게 고통을 느끼도록 하는 모든 행위를 학교폭력으로 볼 수 있다.

※ 다른 애들이 놀릴 때 그냥 웃고 마는 애가 있어서 '쟤한테는 별일이 아닌가보다'고 생각했어요. 어쩌다가 이야기를 하게 되었는데 '사실 요즘 너무 힘들고 외롭다'면서 우는데 피해자에게는 장난이 아니고 학교폭력이었다는 걸 알게 되었어요. (중1 여학생)

• **이 정도 학교폭력은 일상으로 별일 아니라 생각했다.**

→ 폭력에 둔감해지면 점점 더 심각한 학교폭력으로 발전할 수 있다.

※ 장난을 빙자한 폭력이 심했어요. 누가 봐도 장난처럼 보이는 것처럼 시작을 해서 장난식으로 툭툭 치다가 주먹이 날라가게 되고 그런 식으로요. (중2 남학생)

– 출처 : 나는 학교폭력 방어자입니다(한국청소년상담복지개발원, 여성가족부)

Part 3
학교폭력의 조사와 대응

현명한 사안처리를 위한 준비

15

학교폭력 사안처리의 일반적인 절차

● ●

학교폭력 사안은 복잡다단하기 때문에 학교에서는 당황하기 일
쑤입니다. 따라서 사안처리의 일반적인 절차와 흐름을 숙지하고, 자
세한 내용은 교육부 〈학교폭력 사안처리 가이드북〉을 참고하여 진
행합니다.

1. 신고 및 접수 단계

학교폭력 현장을 보거나 알게 되면 학교장에게 보고하고 관련 학
생의 보호자에게 알립니다. 업무 담당자는 사안을 접수하고 신고 접
수 대장에 기재합니다.

2. 가해자와 피해학생 분리, 사안 조사 단계

전담기구에서는 피해학생의 의사를 확인하여 가해자와 피해학생 분리 여부를 결정하고 시행합니다. 전담기구와 소속 교원은 피해 및 가해 사실을 확인하고 사안 조사 보고서를 작성합니다. 필요시 피해학생이나 가해학생에 대한 학교장 긴급조치를 할 수 있습니다.

3. 전담기구 심의 단계

학교장 자체 해결을 위한 객관적인 요건을 심의하고, 모두 충족되면 피해학생과 그 보호자의 동의 여부를 확인합니다. 객관적 요건 충족과 피해학생 측 동의가 이루어지면 학교장 자체해결 사안으로 처리합니다.

4. 심의위원회 개최 요청 단계

학교장 자체해결로 처리되지 않으면 교육(지원)청에 심의위원회 개최를 요청해야 합니다. 사안 조사 보고서와 관련 자료를 정리하여 교육(지원)청에 제출합니다.

5. 조치결정 및 이행 협조 단계

교육장이 조치결정을 통보하면, 학교는 조치이행 계획을 세워 조치를 이행하도록 하고, 그 결과를 교육(지원)청에 보고합니다.

알아두세요!

학교폭력 사안처리 흐름도

학교폭력 사안처리의 흐름도를 보면 사안처리 절차를 한눈에 볼 수 있습니다. 관련 학생과 학부모 면담 시 흐름도를 출력하여 설명하면 사안처리에 대한 이해를 도울 수 있습니다.

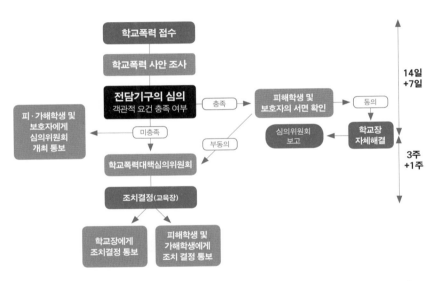

– 출처 : 학교폭력 사안처리 가이드북(2023, 교육부)

교육부 지침상 학교는 사안을 인지(신고 · 접수)하면 14일 이내에 학교장 자체해결 또는 심의위원회 개최 요청을 해야 하고, 필요한 경우 7일 이내에서 연기할 수 있습니다. 참고로, 교육(지원)청은 학교의 요청이 있는 경우, 3주 이내에 심의위원회 개최를 원칙으로 하되 상황에 따라 1주일 연장할 수 있습니다.

아울러, 학교는 사안처리 전 과정에서 '관계회복 프로그램'을 운영할 수 있습니다. 관계회복 프로그램을 적절히 운영하면 불필요한 분쟁을 줄이고 재발 방지 등 교육적인 효과를 거둘 수 있으니 관련 학생과 보호자에게 적극 안내하고 운영할 수 있도록 하는 것이 좋습니다.

16
학교폭력 전담기구는 무엇을 하는 곳인가요?

● ●

학교에 설치되어 있는 학교폭력 전담기구는 학교폭력예방법상 학교폭력 문제를 담당하는 법적 기구입니다. 전담기구는 학교장이 교감, 전문상담교사, 보건교사, 책임교사, 학부모 등으로 구성하게 되는데, 이때 학부모는 전체 구성원의 1/3 이상이어야 하고 학교운영위원회 추천을 받아 위촉해야 합니다.

이렇게 설치된 전담기구는 신고된 학교폭력 사안을 접수하고 보호자에게 통보하는 역할뿐만 아니라, 피해 및 가해 사실 여부를 조사하는 역할을 수행합니다. 또한 학교폭력 사안을 학교장이 자체적으로 해결할 수 있는지 여부를 심의하는 역할을 하게 됩니다. 학교장이 해당 사건을 자체적으로 해결하기 위해서는 법령이 정하는 4가지 요건을 충족해야 하는데, 그 요건을 충족하는지 여부를 심의하고, 피해학생 측의 자체 해결 동의 여부를 확인하게 됩니다.

또 한 가지! 심의위원회 개최 요청이 되어 가해학생 조치가 나오면 가해학생 조치 사항이 학교생활기록부에 기재될 수 있는데, 졸업 시 심의를 통하여 삭제가 가능한 일부 조치에 대하여 그 여부에 대한 심의도 전담기구에서 진행된다는 사실도 알아두세요.

Q&A ——————
전담기구의 구성과 역할

학교폭력 전담기구의 구성과 역할에 대해 Q&A를 통해 좀 더 살펴보겠습니다.

Q 전담기구 구성원별로 정해진 역할이 있을까요?

A 법령상 전담기구 심의방법, 업무분장, 학부모 구성원 임기 등 전담기구 운영에 필요한 사항은 학교장이 정하도록 하고 있습니다. 따라서 전담기구 운영 계획을 수립하면서 구성원의 역할을 명시하면 됩니다.

Q 학부모 구성원이 사안 조사를 하지 않도록 할 수도 있을까요?

A 그렇습니다. 학교장이 전담기구 학부모 구성원의 역할을 학교

장 자체해결 부의 여부 심의에 한정되도록 정하면 사안 조사에
서 제외될 수 있습니다.

Q 전문상담교사나 보건교사가 있다면 필수로 포함해야 하나요?
A 가능한 포함시켜 주세요. 포함하지 않는 경우에는 학교폭력 관
  련 학생 상담, 응급처치 등 관련 업무 지원을 할 수 있도록 전담
  기구 운영 계획에 명시해 두는 것이 바람직하겠습니다.

Q 관련 학생의 학부모나 담임 교사가 전담기구 구성원인 경우 공
  정성에 문제가 제기될 수 있는데 어떻게 하나요?
A 시행령 제26조(심의위원회 위원의 제척·기피 및 회피)를 준용하여
  해당 구성원을 심의의 공정성을 위해 제외할 수 있습니다. 이 또
  한 전담기구 운영 계획에 반영해 두면 좋습니다.

17
학교폭력이 발생했을 때 담당 교사의 역할

● ●

학교폭력 담당 교사의 입장에서 학교폭력을 생각하면 무엇이 떠오르나요?

- 골치 아픈 일
- 우리 학교에서만 발생하지 않으면 되는 일
- 민원으로 확장될까봐 두려운 일
- 부담스러운 업무
- 한 아이의 인생을 무너뜨릴 수 있는 사건
- 몇 년째 진행 중인 골칫거리
- 요즘 매일 발생하는 크고 작은 사건들

학교폭력 업무를 처음 맡는 책임교사나 생활교육부장님은 이 어려운 업무를 어떻게 해야 하는지 걱정이 많으실 겁니다. 교사는 수업과 생활지도를 담당하는 교육 전문가이지 학교폭력 사안을 처리하는 사안처리 전문가가 아닌데 요구되는 역할이나 책임이 크기 때문에 부담이 큰 것이 사실입니다. 자녀들의 문제로 화가 나거나 감정적인 혼란을 겪는 상태의 부모님을 응대한다는 것 자체가 부담이고, 학교폭력 관련 법률과 제도도 복잡하고 어려운 것 또한 사실입니다.

학교 내외에서 학생을 대상으로 발생한 폭력 사안은 학교폭력예방법에 따라 학교 현장에서 사안을 조사하고 처리하도록 되어 있습니다. 이것은 교사들을 힘들게 하려는 취지는 아닙니다. 우리 학생들에게 발생할 수 있는 학교폭력에 대해 교육자로서 신속하게 개입해서 피해학생 보호와 가해학생을 선도하고, 나아가 학생들이 아픔을 잘 회복해서 일상으로 돌아오는 데 가장 중요한 역할을 한다는 가치에 대해 생각해 보시면 좋겠습니다.

학교폭력 관련 법률과 제도가 복잡하고 어려운 것 또한 사실이기에 이에 대한 개선이 필요하기도 합니다.

전문가 한마디!
교사는 가장 중요한 문제해결의 협력자

학교폭력 업무는 분명히 힘든 업무가 맞습니다. 하지만 학생들이 성장하면서 겪게 되는 일을 가장 가까이에서 지키고 도울 수 있는 업무이기도 합니다. 그럼에도 교사의 교육활동을 보호받지 못하거나 감정적 민원에 시달리다 보면 본 목적을 금방 잊거나 지치게 되는 것이 현실이기도 합니다. 하지만 교사와 보호자는 아이가 학교폭력이라는 거대한 문제를 해결하는 데 원하는 도움을 받을 수 있도록 함께하는 협력자이지 서로 대립하는 관계가 아님을 기억해 주세요.

18
학교폭력 업무 담당 교사의 준비

• •

우여곡절 끝에 학교폭력 업무를 맡게 된 후 어떻게 무엇을 해야 할지 막막한 선생님들이 많습니다.

"올해 처음으로 생활교육부장을 맡게 되었습니다. 전담기구 구성부터 모르는 것투성이인데 학폭 업무가 워낙 힘들다는 이야기를 들어 걱정이 큽니다."

"여전히 학교폭력은 사안처리 경험이 있는 교사들이 많지 않은 실정입니다. 사안처리 과정과 관계회복이 뭔지 잘 모르는 학생과 보호자에게 설명하려니 막막하고 혹시 잘못된 정보를 안내하지 않을까 불안하네요."

학교폭력 사안처리 절차를 설명하기 위해서 무엇을 어떻게 공부해야 할지? 또 학교장 자체해결제는 어떻게 설명해야 오해 없이 받아들일 수 있을지? 관계회복을 중점으로 접근하라는데 언제 어떻게 관계회복 프로그램을 해야 할지 막막하고 어렵기만 하다는 하소연을 종종 듣곤 합니다.

학기 초 또는 학년 초에 학교폭력 사안처리 가이드북과 해당 법률 등을 기준으로 내용을 정리해 보시는 건 어떨까요? 학교폭력에 전문적 지식이나 경험이 있는 분들의 이야기를 들어보거나, 시·도교육청의 학교폭력 제로센터 등에 사안처리 지원을 요청하는 것도 도움이 될 수 있습니다. 그리고 학교폭력 가정통신문을 만들어보며 관련 정보를 이해하고 실제 상황에서 어떻게 하면 좋을지 챙겨보는 것도 방법이 될 수 있습니다. 무엇보다 중요한 것은 학교폭력의 예방 및 대응을 통해 우리 아이들이 보다 안전하고 건강한 학교생활을 할 수 있다는 믿음을 갖는 것입니다.

알아두세요!

효율적 학교폭력 예방 및 대응을 위한 체크 사항

다음 체크리스트를 통해 학교폭력 업무의 효과적 대응과 진행을 위한 준비를 시도해 보세요.

구분	학교폭력	○	×
예방	학기초에 학교폭력예방을 위한 교직원, 보호자, 학생 교육 계획은 수립되었나요?		
	학교폭력 예방교육은 형식적 교육이 아닌 실효성 있는 교육으로 계획했나요?		
	가정통신문은 학교폭력에 대한 실질적인 정보를 담은 내용으로 구성되어 있나요?		
대응	선생님들이 학교폭력 사안처리 과정 및 관련 법률 등 내용을 알고 있나요?		
	담임 선생님과 학교폭력 업무 담당 선생님은 학교장 자체해결제에 대한 이해와 정보가 충분한가요?		
	담임 선생님과 학교폭력 업무 담당 선생님은 관계회복 프로그램에 대한 목적을 충분히 이해하고 있나요?		
사후 관리	학교폭력 사안 발생 시 피해학생 보호와 치유를 위한 전담지원 기관 정보를 보유하고 있나요?		
	특수사안(성, 특수교육대상자 관련) 발생 시 지역에 도움 및 연계 가능한 전문기관을 알고 있나요?		

19
보호자가 화가 나서 학교를 찾아왔어요

● ●

"학생이 힘들었던 마음을 메모해 둔 걸 본 보호자가 교사가 따돌림을 방관했다며 화가 나서 학교를 찾아왔어요. 이럴 땐 어떻게 해야 할까요?"

혼란스럽고, 놀라고, 속상한 마음으로 학교를 찾아오는 보호자와 충분한 공감과 경청을 통한 신뢰를 쌓는 것은 무엇보다 중요한 첫 단계입니다. 다소 시간이 오래 걸릴지라도 보호자가 느꼈을 감정에 대해 충분히 경청하고 공감한다면 보호자들은 '선생님이 현재 우리 아이의 아픔과 상황을 충분히 공감해 주시는구나! 앞으로 선생님을 믿고 함께 문제를 해결해 갈 수 있겠구나!'라는 신뢰가 생길 수 있기 때문입니다.

이는 앞으로 문제해결과 아이의 회복에 도움이 될 수 있습니다. 그리고 어떤 정보나 대처 방안을 제공하는 것이 도움이 될지, 교사와 보호자가 뜻을 모아 아이의 문제해결과 회복을 위해 고민하고 노력한다면 더욱 큰 도움이 될 것입니다.

이럴 땐 이렇게! 🧰
보호자 면담 및 대응을 위한 단계별 접근

보호자 면담 및 대응을 위해서는 다음과 같은 단계별 접근이 필요합니다.

1 보호자의 감정이 격앙됨을 인정합니다.
2 보호자의 감정을 수용하고 이해하기 위해 이야기를 경청합니다.
3 현재 학생(자녀)의 상황을 파악하기 위한 질문을 합니다.
4 학생과 보호자의 힘듦에 대해 정서적 지지를 표현합니다.
5 보호자와 학생의 욕구를 파악하는 질문을 합니다.
6 진행 절차에 대해서 객관적 사실과 정보를 전달합니다.
7 학교는 객관적이고 중립적인 입장에서 피해학생의 보호와 치유를 우선으로 최선을 다할 것을 안내합니다.

보호자는 어떤 심정으로 학교에 왔을까요? 일반적으로 보호자의 유형은 다음과 같습니다.

▶ **분노 및 감정형 보호자**

"이번 일은 무슨 수를 써서라도 가만두지 않겠어요!"

"학교가 제대로 못해서 이런 거니 모든 책임을 묻고 끝까지 할 수 있는 방법은 다 할 거예요."

"너도 죽고 나도 죽고! 모든 걸 잃어도 상관없어요."

▶ **불안형 보호자**

"나중에 또 당할 수 있는데…. 그럼 어떡하죠?"

"치료비는요? 고소를 해야 하나요? 뭘 어떻게 해야 하죠?"

"너무 복잡한데 학교에서 제대로 도와주지 않아요."

▶ **자포자기형 보호자**

"전 아무것도 모르겠어요. 뭘 어떻게 해야 할지 막막해요."

"어떻게 되든 상관없어요. 학교가 알아서 해주세요."

보호자의 감정적 응대에 기분이 상하거나 힘들 수 있지만 충분히 그 힘듦을 들어주고 공감한다면 이후에는 더욱 신뢰 있는 관계가 될 수 있습니다. 물론 그런 감정 상태의 보호자를 만나는 것은 힘든 일입니다. 하지만 초반에 어려움을 충분히 들어주는 것만으로도 보호자의 부정적 감정은 해소가 가능할 것입니다.

보호자에게 똑같이 대응하면 같이 감정에 휘둘릴 수 있고, 그 순간

더욱 심각한 갈등 상황으로 번질 수 있음을 유의해야 합니다.

20

학교폭력이 발생했을 때
보호자에게 어떻게 안내해야 할까요?

● ●

자녀의 학교폭력 신고 이후 보호자들은 어떤 절차가 진행되는지 궁금해하실 것입니다. 대부분 보호자는 자녀의 학교폭력 경험이 처음이기 때문에 '학교폭력 전담기구', '학교장 자체해결', '학교폭력대책심의위원회' 등 용어가 생소할 수밖에 없습니다. 이에 일부 보호자는 변호사 등 전문가의 도움을 받아 이후 절차를 진행하기도 하지만 대부분 보호자는 선생님께 정보를 묻고 도움을 요청할 것입니다.

사안처리 절차나 진행 단계에 대한 정보는 쉽게 찾아볼 수 있습니다. 학교폭력예방법에 대부분 사안처리 관련 용어에 대한 정의가 포함되어 있고, 교육부에서 매년 발행하는 〈학교폭력 사안처리 가이드북〉도 공개된 자료로 누구나 확인이 가능합니다. 따라서 보호자가 사안처리에 대해 궁금한 내용을 충분히 확인할 수 있도록 관련 정보를 안내하거나 정보를 찾을 수 있는 사이트를 알려주는 것이 필요할 수 있습니다. 학년 초에 사안처리의 기본 절차를 담은 가정통신문을 발송하였다면 이를 활용하여 안내하는 것도 좋은 방법이 될 수 있습니다. 다만 개정된 내용이 있는지 확인해 주세요.

더불어 학부모에게 정보를 전달할 때 꼭 유의해야 할 점이 있습니다. 아무런 설명 없이 문서나 양식만 전달하거나, 업무를 맡은 지 얼마 되지 않아서 잘 모르니 일단 서식에 맞게 작성해서 제출해 달라고 하거나, 학교는 할 수 있는 게 아무것도 없다는 등의 표현을 하는 것입니다. 감정적으로 혼란스러움을 겪는 보호자를 응대하는 것이 학교폭력 사안처리 업무에서 가장 어렵고 힘든 일이기도 합니다. 하지만 정서적 지지 과정이 누락된 채 절차적 안내에만 그친다면 객관적인 이야기나 사소한 일들도 갈등 상황으로 확대될 수 있다는 것을 유의해야 합니다.

전문가 한마디! 🎓
학교폭력이 처음인 보호자의 마음

현장에서 보호자들과 학교폭력 관련 상담을 하다보면 "선생님, 저는 학교폭력이 처음이에요."라고 말하는 보호자를 자주 만나곤 합니다.

우리가 살아가며 '폭력'을 경험하거나 사안처리를 해야 하는 경험은 자주 발생하는 일은 아니므로 관련 용어 및 절차는 생소할 수밖에 없습니다. 보호자는 자연스레 많은 궁금증이 생기는데 이때 가장 의지가 되는 대상은 선생님일 수 있습니다. 간혹 몇몇 선생님들은 '너무 자세한 정보를 알려줬다가 사안이 복잡해지는 건 아닐까?'라는 우려로 보호자에게 일부 정보만 안내해 주는 경우도 있습니다. 하지만 학교폭력 관련 정보는 대부분 오픈되어 있으므로 보호자가 충분히 궁금증을 해소하고 아이의 회복과 건강한 학교생활에 도움이 되는 절차를 선택할 수 있도록 조력하는 것이 원활한 문제해결에 더 효과적일 수 있습니다.

21

가해자의 분리에 대해
보호자가 강력히 항의합니다

● ●

수완(초5, 남)은 같은 반 친구를 따돌리고 자전거를 망가뜨렸다는 이유로 학교폭력 가해자로 신고당했고, 학교는 피해학생 측의 요청에 따라 수완을 피해학생과 분리해야 한다며 수완의 엄마에게 알렸습니다.

수완 엄마는 "우리 아이가 그런 일을 한 적이 없다고 한다.", "학교가 확인도 해보지 않고 학교폭력 가해자로 낙인찍어 수업을 못 받게 한다."며 강력하게 항의합니다.

학교는 어떻게 해야 할까요?

법령상 학교폭력 인지(접수) 시 학교는 피해학생이 가해학생과의 분리를 원하는지 서면으로 확인하고, 피해학생 측이 분리를 원하면 24시간 이내에 분리 기간, 공간 등을 결정하여 가해학생 측에 안내하고 분리를 시행해야 합니다.

　분리는 신고 직후의 갈등이나 긴장을 완화시키고 추가적인 사안 발생을 방지하기 위하여 실시되는 것으로 징계성 조치가 아닙니다. 그러나 사안 조사가 진행되기도 전에 학생을 수업에서 배제하는 것이므로 민원과 갈등이 빈번히 발생하곤 합니다. 따라서 학교는 학년 초에 가정통신문과 학부모 연수를 통해 분리 제도의 취지에 대하여 안내할 필요가 있습니다. 학교폭력 사안이 발생하면 안내된 자료에 근거하여 분리 제도의 취지, 분리가 징계 조치가 아님을 충분히 설명한 후 분리를 시행하는 것이 바람직합니다.

　또한 오해와 작은 갈등이 학교폭력으로 신고된 사안이라면 분리 방법을 결정해야 하는 24시간을 활용하여 양 당사자 간의 오해와 갈등이 해소될 수 있도록 적극적인 관계회복의 노력을 할 필요도 있습니다. 이를 통해 화해나 관계회복이 이루어지면 피해학생이 분리를 원하지 않을 수도 있을 테니까요.

알아두세요!
가해자와 피해학생 분리의 취지와 방법

　학교폭력 사안 발생 시 가해자와 피해학생을 분리하는 것은 피해학생의 심리적 불안감 해소, 2차 피해 방지, 고조된 학교폭력 갈등 상황 완화를 위한 것입니다.

피해학생과 가해학생의 분리 절차

학교폭력 사안 인지(접수)	분리 방법 결정 *24시간 이내 처리	가해자 분리
• 피해학생에게 분리 의사 확인 ※ 분리 의사 확인서	• 분리 대상, 기간, 공간 등 분리 방법 결정(전담기구 또는 소속교원 협의를 통해 학교장이 결정) ※ 학교장의 판단으로 협의 없이 분리 가능	• 최대 7일을 초과하지 않음 • 가해 관련 학생 및 보호자에게 통보(유선 통화 등)

※ 학교는 분리 시행 전 관련 학생들에게 제도의 취지, 기간, 출결, 이후 사안처리 절차 등에 대해 충분한 설명을 하여야 함.

– 출처 : 학교폭력 사안처리 가이드북(2023.9.1.개정판, 교육부)

분리는 최대 7일을 초과하지 않아야 하는데, 시행 당일은 분리 기간에 산입하며 공휴일이나 토요일이 분리 기간에 포함된 경우 이를 포함하여 계산합니다. 가해학생 분리 시 학교는 관리 교사를 지정하여 학생에 대한 학습자료 제공 등을 통해 학습을 지원할 필요가 있습니다. 이때 분리기간은 출석인정으로 처리됩니다.

만약 쌍방이 서로 피해를 주장하며 분리 요청을 하게 되면 상호 분리를 해야 합니다. 같은 반, 같은 학년이 아니라 해도 피해학생 측의 분리 의사를 확인하여 피해학생이 분리를 원한다고 하면 수업은 각자의 교실에서 하고 쉬는 시간, 점심시간 등에는 동선을 분리하여 피해학생을 보호하도록 해야 합니다.

22

가해자와 피해학생 분리 종료 후
피해학생 보호조치는?

● ●

희진은 동급생들에 의한 욕설과 비하, 성적 모욕으로 오랜 기간 시달리다가 학교폭력을 신고하였습니다. 학교는 희진의 의사를 확인하여 가해학생 분리를 결정하여 시행하였습니다. 그러나 곧 교실로 복귀하는 가해학생들을 생각하면 희진은 학교가 지옥과도 같습니다.

그렇다면 가해자와 피해학생 분리 종료 후 피해학생 보호조치는 어떻게 해야 할까요?

학교장은 피해학생이 긴급 보호를 요청하는 경우, 제1호(심리상담 및 조언), 제2호(일시보호) 및 제6호(그 밖에 필요한 조치)의 조치를 할 수 있습니다. 이를 피해학생에 대한 '학교장의 긴급조치'라고 합니다. 이때 제6호 조치의 경우 피해학생의 보호를 위해 교실 내 자리나 모둠 구성의 분리, 피·가해학생 동선 정리 등 학교 자체 프로그램을 운영

할 수 있습니다. 따라서 학교장은 희진이 원하면 희진에게 심리상담이나 조언, 일시 보호, 그 밖에 피해학생 보호를 위해 필요한 조치를 내려줄 수 있는데, 심의위원회가 개최되기 전까지라면 언제든 가능합니다.

학부모들은 학교장의 긴급조치에 대하여 모르는 경우가 대부분입니다. 가해학생 긴급조치는 학교장이 필요하다고 판단하는 경우 내릴 수 있는데 반해, 피해학생 긴급조치는 피해학생 측의 요청이 있는 경우에 가능하므로 힘들어하는 피해학생 측에 이러한 제도가 있음을 적극적으로 안내할 필요가 있습니다.

이럴 땐 이렇게!
피해학생과 보호자를 대하는 법

피해학생의 보호자는 자녀가 겪은 일에 대해 아파하고 다시 피해를 입지 않을까 걱정합니다. 반성하지 않는 가해학생이나 그 보호자에 대해 분노하기도 하고 학교가 자녀를 보호해 주지 못한다며 원망하곤 합니다. 그만큼 피해학생과 그 보호자를 대하는 것은 어렵지만, 다음의 몇 가지 원칙과 절차에 따라 면담을 진행한다면 심각한 갈등을 줄이고 문제해결에 도움이 될 수 있을 것입니다.

첫째 피해학생이 겪은 아픔에 공감하면서 충분한 시간을 갖고 의견을 청취합니다. 그리고 어떤 도움을 필요로 하는지 파악합니다.

둘째 피해학생 측 의견을 토대로 담임 교사를 포함한 전담기구 회의를 통해 피해학생 보호와 안전을 위한 대책, 사안처리에서 고려할 사항 등을 정리합니다.

셋째 관련 학생 면담 조사에서 파악한 내용을 피해학생 보호자에게 개략적으로 설명하고, 어떻게 문제가 해결되면 좋을지, 추가적인 요구사항이 있는지 파악합니다.

넷째 피해학생 보호와 문제해결을 위해 학교가 할 수 있는 일, 그리고 이후의 사안처리 절차에 대해 설명합니다. 학부모의 요구나 질문에 답변하기가 어렵거나 애매한 것은 교육청 등에 확인 후 안내합니다.

다섯째 학부모의 마음이 정리되지 않았다면, 자녀와 충분히 이야기 나눈 후 생각을 정리하여 알려달라고 합니다. 이때 학부모의 의견을 서면(확인서)으로 제출하도록 하면 이후 사안처리에 도움이 됩니다.

참고로, 민감도가 높거나 학부모 민원이 수반되는 경우 등 선생님들이 버거워하는 상황이라면 교감선생님이 전담기구 회의를 주관하여 전반적인 상황을 점검하고 역할 분담을 통해 사안처리를 진행하는 것이 바람직합니다.

23

피해학생 보호자가
가해학생 출석정지를 요청한다면?

● ●

희수(중1, 남)는 두어 달 전부터 상급생 여러 명으로부터 폭력을 당해 왔습니다. 가해학생들은 희수와 친한 친구들을 같이 불러 서로 뺨을 때리거나 격투를 하도록 하고, 시키는 대로 하지 않으면 담뱃불로 위협했습니다. 희수의 보호자는 가해학생들이 희희낙락하며 학교를 나오는데, 희수는 정신과 치료를 받고 있다며 가해학생 출석정지를 요청하였습니다.

이 경우 학교에서 가해학생들에게 출석정지를 할 수 있을까요?

학교는 긴급조치로서 출석정지 조치를 할 수 있습니다. 이는 학교장의 판단에 의한 것으로 피해학생 측 의사에 구속되는 것은 아닙니다. 다만, 출석정지 조치는 중징계에 해당하는 것이므로 시행령 제21조에 근거하여 조치 여부를 판단해야 합니다. 2명 이상의 학생이 고의적·지속적으로 폭력을 행사한 경우, 학교폭력을 행사하여 전치 2주 이상의 상해를 입힌 경우, 학교폭력에 대한 신고, 진술, 자료 제공 등에 대한 보복을 목적으로 폭력을 행사한 경우, 피해학생을 가해학생으로부터 긴급하게 보호할 필요가 있다고 판단하는 경우에 학교장 긴급 출석정지 조치를 할 수 있습니다.

학교장이 출석정지 조치를 하는 경우에는 반드시 해당 학생 또는 보호자의 의견을 들어야 한다는 점도 기억해야 합니다. 가해학생 긴급조치는 추후 심의위원회의 추인을 거쳐야 하고, 출석정지 조치가 추인이 되면 이 기간은 미인정결석으로 처리되며, 학교생활기록부에도 기재될 수 있다는 점을 안내해 주도록 합니다. 의견을 들어야 한다는 의미가 동의를 구해야 한다는 뜻은 아니므로 부동의하더라도 출석정지 조치는 가능합니다. 아울러, 출석정지 기간 중에 Wee클래스 상담이나 자율학습 등 적절한 교육적 조치를 해주어야 하겠습니다.

Q&A

학교장의 가해학생 긴급조치

Q 가해학생 긴급조치는 어떤 경우에 가능한가요?

A 학교장이 가해학생에 대한 선도가 긴급하다고 인정할 경우 제1항 제1호부터 제3호까지, 제5호 및 제6호의 조치를 할 수 있습

니다. 제5호와 제6호 조치는 상호간 동시에 부과할 수 있습니다. 가해학생 긴급조치를 한 경우 심의위원회에 즉시 보고하여 추인을 받아야 합니다.

Q 심의위원회 개최 요청 이후에도 학교장 긴급조치가 가능할까요?
A 학교장은 심의위원회 운영 상황을 고려하여 심의위원회의 개최 전까지는 긴급조치를 할 수 있습니다.

Q 만약에 가해학생이 긴급조치를 이행하지 않으면 어떻게 해야 할까요?
A 긴급조치이행을 거부하거나 회피하면 학교장은 「초·중등교육법」 제18조에 따라 징계하여야 하므로 이를 가해학생 측에 안내하고 조치가 이행될 수 있도록 지도합니다.

Q 가해학생 학부모가 거세게 반발하면 어떻게 해야 할까요?
A 학교장의 긴급조치에 대해 불만을 표시할 경우 관련 법령에 따라 학교장이 내린 조치이며 추후 심의위원회의 인정 절차를 거쳐 최종 조치가 결정된다는 점을 설명할 필요가 있습니다.

24
사안 조사 시 보호자의 동의를 구해야 하나요?

• •

학교에서 돌아온 효철(중1, 남)이 학교폭력 확인서를 쓰고 왔다는 얘기에 효철의 어머니가 화가 나서 학교에 전화를 주셨습니다. 보호자 동의도 없이 아이를 학교폭력 가해자로 몰아 확인서를 쓰게 했다는 것입니다. 사안 조사 시 보호자의 동의를 구해야 하나요?

결론부터 말하자면 그렇지 않습니다. 법령상 학교장은 학교폭력 사태를 인지한 경우 '지체 없이' 가해 및 피해 사실 여부를 확인하도록 하고 있고, 사안 조사 시에 보호자의 동의를 거쳐야 한다는 규정은 없기 때문입니다. 더욱이 학교에서의 사안 조사는 수사기관에서 범죄 혐의 여부를 조사하는 것과는 다릅니다.

국가인권위원회 역시 "~ 그 조사 결과를 보호자에게 통보하도록 하고 있으나, 학교폭력 사안 조사 시 조사한다는 사실을 보호자에게 사전에 통보하거나 보호자의 동의를 구하는 별도의 규정은 없다. 따라서 이는 인권 침해에 해당하지 않는다."로 결정한 바 있습니다.

다만, 법령상 학교폭력 신고를 받은 경우 학교에서는 가해학생 및 피해학생의 보호자에게 통보하도록 하고 있으므로, 조사를 할 때 보호자의 동의를 구할 필요는 없지만 기본적인 상황과 절차에 대해 차분히 안내해 드린다면 보호자가 덜 불안해하고 학교에 대한 신뢰를 가질 수 있을 것입니다.

알아두세요!

사안 조사 시 '보호자의 동석'이 가능할까?

사안 조사 시 보호자가 동석을 원하는 경우 어떻게 해야 할까요? 학생이 심리적으로 불안해한다면 보호자가 학생과 동행하여 심리적 안정을 기하도록 할 수 있습니다. 그러나 보호자와 같은 공간에서 관련 학생의 사실 확인이 이루어지는 것은 조사의 객관성과 공정성에 문제가 될 수 있습니다. 따라서 이를 보호자에게 안내한 후 보호자와 분리된 공간에서 조사하는 것이 바람직합니다.

참고로, 관련 학생 사실 확인 시 보호자의 동석이 필요한지에 대해 다음과 같은 판례가 있습니다.

원고들에 대한 상담 과정에서 그 보호자인 부모의 동석이 이루어지거나 영상녹화시설 등에 따라 그 상담 내용이 녹화 또는 녹취되지 아니한 사실은 인정된다. 그러나 학교나 상담사가 학교폭력을 조사하는 과정에서 이러한 절차를 반드시 준수하여야 한다는 특별한 절차적 규정이 없다. 따라서 학교폭력의 조사과정에는 행정절차법과 형사소송법 등에서 규정한 엄격한 절차가 반드시 요구된다고 할 수 없다. ~ 그리고 위와 같은 절차가 준수되지 않았다는 이유만으로 그 조사 또는 상담이 위법하다거나 상담일지의 정확성과 신빙성이 없다고 보아 이를 학교폭력에 대한 조치의 원인이 되는 사실을 인정하는 자료로 사용할 수 없다고 볼 것은 아니다. **[대구지방법원 2017구합23959판결]**

25
수업 시간에 불러서 조사해도 되나요?

••

"수업 중에 조사라니요? 학습권 침해예요! 우리 아이가 가해자로 소문이 났는데, 어쩔 거예요? 교장 나오라고 해요!!"

예은(중2, 여)은 수업 중에 상담실로 불려가서 학교폭력 사안 조사를 받았습니다. 이를 알게 된 예은의 보호자가 학교에 문제를 제기하고 있는데요. 책임교사는 가해학생들이 여러 명이어서 신속한 조사가 필요했고, 특히 예은이는 학교에 잘 나오지 않고 학교에 왔다가도 어느 새 조퇴를 하고 가버리기 일쑤라 어쩔 수 없었다고 고충을 호소합니다. 이처럼 수업 시간에 학생을 불러서 조사하면 문제가 될까요?

학교폭력 사안 발생 시 지체 없이 가해 및 피해 사실을 확인하고 객관적 증거를 확보해야 하다 보니 수업 시간에 학생을 불러 조사하는 경우가 있습니다. 하지만 이는 적절하지 않습니다. 학생의 학습권 침해, 관련 학생에 대한 정보나 비밀 누설, 이로 인한 2차 피해 발생 등의 문제가 생길 수 있기 때문입니다.

긴급하거나 부득이한 사정으로 수업 시간에 조사를 하는 경우에는 사전에 학교장에게 보고하고, 사안 조사 후 보충학습 기회를 제공해 주도록 합니다. 가해학생들이 여러 명이면 전담기구 구성원들이 일시에 각각 사안을 조사하는 방법도 있습니다.

아울러, 사안 조사 시 화해 종용, 강압적인 태도 등이 문제 되는 경우가 있으므로 주의가 필요합니다. 민감한 사안의 경우 2명의 교원이 함께 면담을 하거나 가급적 학생의 동의를 구한 후 녹취를 하는 것도 대안이 될 수 있습니다.

이럴 땐 이렇게! 🧰
학생 확인서를 폐기, 수정해 달라고 하는 경우

'아이가 긴장을 해서', '선생님이 이렇게 쓰라고 해서' 등의 이유로 자녀가 최초로 작성한 확인서를 폐기해 달라거나 내용을 수정하겠다고 하는 경우가 있습니다.

이럴 때는 무슨 이유로, 어떤 내용을 수정하고 싶은지 들어본 후 수정하고 싶은 내용을 추가로 작성하게 하면 됩니다. 다만, 작성하여 제출한 확인서는 폐기할 수 없음을 안내하고, 학생이 작성한 확인서의 내용을 시간 순서대로 추가해서 사안 조사 보고서에 반영합니다.

사안 조사 시 유의할 사항을 추가로 제시하면 다음과 같습니다.

1 독립된 공간에서 편안한 면담 분위기를 조성합니다.
2 관련 학생들을 분리하여 조사합니다. 피해학생이 가해학생과 함께 있으면 위축되어 솔직한 진술이 어렵고, 가해학생이 다수인 경우 같은 공간에서 조사하면 서로 말을 맞출 수 있기 때문입니다.
3 면담 내용을 토대로 육하원칙에 따라 구체적으로 확인서를 작성하도록 합니다.
4 '관련 학생'이라는 용어를 사용합니다. 조사 단계에서는 학생의 이름을 그대로 사용하는 것이 객관적이고 공정해 보일 수 있습니다. 단, 본인이 피해 관련 학생인지 가해 관련 학생인지는 명확하게 고지해야 합니다.
5 보호자는 불안하고 조급하므로, 학생과 면담 조사 후 신속하게 연락드리겠다고 하고, 보호자 면담을 반드시 실시합니다.

26

학교폭력 관련 학생 상담을 어떻게 해야 할까요?

• •

교사는 학교폭력이 발생하면 피해, 가해, 목격학생 등 다양한 학생들과 상담을 진행하게 됩니다. 이때 교사가 유의할 점 중 하나는 각 대상자들과 신뢰를 쌓은 후 상담을 시작해야 한다는 점입니다.

피해학생의 경우 그동안 학교폭력 피해로 고통스러웠을 긴 시간을 충분히 공감하고, 가해학생의 경우 가해 행동에 대한 복합적인 마음을 헤아리거나, 목격학생은 그러한 폭력 상황을 지켜보며 불안했을 마음을 다독이는 것이 필요합니다. 선생님이 '너희의 힘듦을 전부는 아니더라도 충분히 알고 염려하고 있다'는 마음을 전달하는 것이지요.

그 후 아이들이 원하는 것은 무엇인지, 이 문제가 어떻게 해결되기를 기대하는지, 어려움이 해결되기 위해 내가 할 수 있는 역할은 무엇이고 어른들의 어떤 도움이 필요한지 등을 묻는다면 아이들은 교사를 더욱 신뢰하고 솔직한 마음을 털어놓을 수 있을 것입니다.

이럴 땐 이렇게! 🧰
학생들과 신뢰를 쌓기 위한 접근

▶ 피해학생과 상담할 때

- 긴 시간 힘듦을 겪었을 마음을 공감해 주세요.
- 이야기하는 피해 사실을 어떤 판단 없이 충분히 들어주세요.
- 선생님을 믿고 이야기한 용기에 고마움을 표현해 주세요.
- 어려움을 회복하고 편안한 학교 생활을 하기 위해 어떤 도움이 필요한지 묻고 든든하게 함께해 주세요.

💬 선생님이 할 수 있는 공감의 대화

"그동안 많이 힘들었겠다. 혼자 힘든 시간을 보냈을 네 생각을 하니 선생님 마음이 아프네. 믿고 이야기해 줘서 고마워."

▶ 가해학생과 상담할 때

- 가해학생이 느끼고 있는 현재 감정과 생각을 충분히 들어주세요.
- 가해학생의 잘못된 행동에 대해서는 단호하게 이야기해 주세요.

- 피해학생에 대한 미안한 마음을 어떻게 전달하고 표현할 수 있을지 고민할 수 있도록 시간을 주세요.
- 선생님을 믿고 이야기한 용기에 고마움을 표현해 주세요.
- 잘못된 행동을 반복하지 않기 위해 선생님의 어떤 도움이 필요한지 묻고 든든하게 함께해 주세요.

😌 **선생님이 할 수 있는 공감의 대화**

"그런 일이 있었구나. 미안한 마음을 어떻게 하면 상대 학생에게 잘 전달할 수 있을까? 같이 고민해 보자."

▶ **목격학생과 상담할 때**
- 학교폭력 상황을 지켜보며 놀라고 당황스러웠을 마음을 충분히 공감해 주세요.
- 피해를 입은 친구가 어려움을 회복하고, 가해를 한 친구가 행동을 반복하지 않기 위해 친구로서 어떤 도움을 줄 수 있을지 고민할 수 있도록 지도해 주세요.

😌 **선생님이 할 수 있는 공감의 대화**

"그 상황을 지켜보는 네 마음도 불편했을 것 같아. 어떤 마음이었는지 이야기해 줄 수 있을까? 앞으로 우리 반에서 또 이런 일이 발생한다면 우린 무엇을 할 수 있을까?"

27
피해학생이 울기만 하고 말을 하지 않아요

● ●

"같은 반 아이들에게 따돌림을 당했다고 찾아온 학생이 울기만 하고 더 이상 입을 열지 않아요. 이럴 땐 어떻게 해야 할까요?"

따돌림을 당했다고 선생님을 찾아온 학생은 어떤 마음일까요? 지금 선생님 앞에 있는 그 아이는 그 누구도 상상할 수 없을 만큼의 힘듦을 버티고 있는 중일 것입니다.

'아무도 내 힘듦을 알아주지 못할 거야.'
'나는 한심하게 누군가에게 말하지 않고 왜 그동안 참고 있었을까?'
'그냥 참는 게 나았을까? 더 큰 일이 보복이 되어 돌아오면 어쩌지?'
'내가 잘못해서 나에게 이런 일이 생긴 건 아닐까?'
'과연 선생님에게 말하면 이 어려움이 해결될 수 있을까?'

지금 아이의 마음으로 들어가서 그 입장을 이해해 보는 건 어떨까요? 쉽게는 '내가 학교폭력 피해를 당했다면?'이라고 생각해 볼 수도 있습니다. 피해를 경험한 학생을 대하는 가장 좋은 모습은 공감과 존중입니다. 울고 있는 아이의 마음을 헤아리고 그 힘듦을 공감해 준다면 선생님을 믿고 도움을 요청할 수 있을 것입니다.

이럴 땐 이렇게! 📋
피해학생에게 질문하기

▶ 피해학생이 느끼는 감정
답답해요, 겁나고 두려워요, 억울해요, 불안하고 걱정돼요, 자존심 상해요, 화나요, 서러워요, 힘이 없고 아무것도 할 수 없어요, 슬프고 우울해요 등

▶ 피해학생에게 질문하기
학교폭력 피해를 경험하면 복합적인 감정 상태에 놓이게 됩니다. 자신의 감정을 표현하기 어렵거나 낯선 아이들에게 다음의 질문을 사용하는 것도 유용합니다.

• 지금 상황이 힘들구나. 네가 많이 힘들 것 같아 선생님도 걱정이 컸어. 지금 마음이 좀 어때?

- 지금 너의 힘듦을 숫자로 표현해 보면 어떨까? 숫자 1이 조금 힘든 상황이고 5는 매우 힘든 상황이라면, 지금 어느 정도인지 이야기해 줄 수 있을까?
- 그런 마음이었구나. 혼자 얼마나 힘들었을까. 선생님한테 이야기해 줘서 고마워. 누가 어떤 도움을 주면 그 어려움을 해결하는 데 도움이 될 수 있을까?

28
가해학생이 잘못을 인정하지 않아요

● ●

같은 반 학생에게 지속적인 욕설과 신체를 비하하는 별명을 부르는 사안이 발생했습니다. 하지만 가해학생은 친근한 마음으로 별명을 부른 건 맞지만 욕설을 하지 않았다며 자신의 잘못을 인정하지 않습니다. 어떻게 해야 할까요?

학교폭력 가해 행동을 한 후 잘못을 뉘우치고 다시 그런 행동을 하지 않으려고 노력하는 가해학생도 많은 반면, 전혀 잘못을 뉘우치지 않고 '장난인데 뭐 그런 거 가지고 일을 크게 만들지?', '이 정도는 누구나 비슷하게 다 경험하는 일 아닌가?', '이렇게 힘들어할 일인가?' '나만 그러는 게 아닌데 재수 없게 걸렸네!', '이번 일로 부모님한테도 학교에서도 혼나서 짜증나!'라는 태도를 보이는 학생들이 있기도 합니다.

이런 태도를 갖고 있는 학생들은 어떻게 교육해야 할까요?

이런 경우 선생님도 화가 나고 속이 상할 수 있습니다. 가해 행동은 어떠한 경우도 정당할 수 없기 때문입니다. 하지만 가해학생을 대할 때 자신의 잘못을 되도록 축소하고 싶은 이런 심리를 파악하고 다그치거나 혼내기보다 현재 느끼고 있는 감정과 생각을 털어놓을 수 있도록 대화를 시작하는 것이 좋습니다.

이는 학생이 갖고 있는 방어적인 태도를 조금 느슨하게 하는 전략입니다. 아이가 선생님에게 마음을 열었을 때 피해학생이 느꼈을 힘듦에 대해 같이 고민하고 가해 행동이 재발되지 않도록 교육하는 접근을 시도해 보는 건 어떨까요?

이럴 땐 이렇게! 📋
가해학생에게 질문하기

학교폭력 가해를 한 학생도 여러 혼란스러운 감정과 상태를 경험할 것입니다. 자신의 잘못에 대해서 반성하고 뉘우치기도 하지만 반대로 자신의 잘못을 축소하거나 합리화하기도 하지요. 가해학생이 자신의 잘못을 합리화 하는 등 방어적 태도를 취한다면 무조건 비난하고 혼내기보다 그런 감정과 생각을 충분히 들어주는 시간이 필요할 수도 있습니다.

- 이번 일로 너도 많은 고민과 생각이 들었을 것 같아. 지금 너의 마음은 어떤지 선생님에게 이야기해 줄 수 있을까?

이야기를 들은 이후 가장 중요한 것은 피해자의 힘듦과 고통을 공감하고 자신이 한 행동을 객관적으로 바라보게 해주는 것입니다.

- 그런 마음이 들었구나. 선생님 믿고 솔직하게 이야기해 줘서 고마워. 네가 상대학생에게 어떤 말이나 행동을 했는지 이야기해 줄 수 있을까?
- 그런 이야기를 했구나. 장난으로 한 행동이라 해도 상대방에게 욕설을 하고 험담을 한 행동은 언어폭력에 해당될 수 있어. 상대방의 마음은 어땠을지 선생님과 같이 생각해 볼까?

이외에도 가해 행동을 한 아이가 피해학생에게 어떤 방법으로 자신의 마음을 표현하고 싶을지 함께 생각해 보는 것도 진심 어린 사과를 독려할 수 있는 방법이 될 수 있습니다.

신뢰와 회복을 위한
학교폭력 해결 노하우

Part 4
학교장 자체해결과 관계회복

상처를 치유하기 위한 접근

29
학교장 자체해결은 무엇인가요?

● ●

"아이가 용서해 주고 싶다고 하네요. 학교 안에서 마무리 지어주면 좋겠어요."

학교폭력 사안을 학교 안에서 학교장이 종결 짓는 제도를 "학교장 자체해결"이라고 합니다. 이러한 학교장 자체해결은 경미한 수준의 학교폭력 사안인 경우에도 학교폭력대책심의위원회의 심의 대상이 되어 교원과 학교의 적절한 생활지도를 통한 교육적 해결이 곤란한 상황을 보완하려는 이유로 2019년 9월부터 시행되었습니다.

따라서 모든 사안을 학교장이 자체해결로 처리할 수 있는 것은 아니고, 법령이 정하는 경미한 학교폭력의 경우에만 피해학생 및 그 보호자의 자체해결 동의를 받아 자체해결할 수 있다고 규정합니다.

그렇다면 학교폭력예방법이 정하는 '경미한 학교폭력'이란 무엇일까요?

우선 법령상의 4가지 요건을 모두 충족한 경우(법 제13조의2 제1항)여야 합니다. 이 요건을 충족하는지는 학교 내 전담기구의 심의를 통해 판단하게 됩니다. 4가지 요건 중 하나라도 충족하지 못하면 학교장 자체해결은 불가능합니다. 이 경우 교육지원청으로 심의위원회 개최 요청을 해야 합니다.

4가지 요건을 모두 충족했다 하더라도, 마지막으로 피해학생과 그 보호자가 자체해결에 동의를 해야 합니다. 동의하지 않으면 이 경우에도 학교장 자체해결은 불가능합니다.

알아두세요!

학교장 자체해결의 4가지 요건

학교장 자체해결의 4가지 요건은 다음과 같습니다. 학부모들이 이를 궁금해 하는 경우가 많으므로 사전에 충분히 안내해 주는 것이 좋습니다.

1. 2주 이상 신체적 · 정신적 치료를 요하는 진단서를 발급받지 않은 경우

전담기구 심의일 이전에 2주 이상의 진단서를 제출하지 않은 경우입니다.

학교폭력, 교육을 만나다

2. 재산상 피해가 없거나 즉각 복구된 경우

재산상 피해(신체적·정신적 피해의 치료 비용을 모두 포함)가 복구되었거나, 가해 측의 피해 복구 약속에 대하여 피해 측의 보호자가 인정한 경우입니다. 즉, 재산상 피해에 대하여 합의가 이루어진 경우입니다.

3. 학교폭력이 지속적이지 않은 경우

전담기구에서 보편적 기준을 통해 해당 사건의 지속성 여부를 판단합니다.

4. 학교폭력에 대한 신고, 진술, 자료 제공 등에 대한 보복 행위가 아닌 경우

가해학생이 이미 조치를 받았거나 조사를 받는 과정 중에 있는 사안과 관련하여 신고, 진술, 증언, 자료 제공 등을 한 학생에게 학교폭력을 행사한 경우가 아니어야 합니다.

30

학교장 자체해결이
학생들에게 어떤 도움이 되나요?

● ●

아이들은 성장하며 다양한 갈등과 다툼을 경험합니다. 심의위원회를 통해 적극적으로 피해학생 보호 및 가해학생의 선도가 필요한 사안도 있지만 경미한 사안의 경우 심의위원회까지 가지 않고 서로 소통을 통해 관계를 회복하고 건강하게 관계를 풀어가는 방법을 알려주는 것도 살아가는 데 필요한 교육이 될 수 있습니다. 이럴 때 적용할 수 있는 것이 학교장 자체해결입니다.

학교장 자체해결이 학생들에게 도움이 되기 위해서는 전제되어야할 조건이 있습니다. 그것은 바로 가해학생이 자신의 행동에 대해 충분히 반성하고 가해학생 보호자가 자녀의 행동이 재발되지 않도록 아이를 양육하고 지도할 의지가 있는가입니다. 피해 측 또한 가해 측의 이야기를 충분히 듣고 마음을 나눌 준비가 필요하겠지요. 학생 간

뿐만 아니라 보호자 간의 관계회복을 위한 프로그램도 운영할 수 있습니다. 이러한 과정을 통해 서로 충분한 소통을 한다면 학생과 보호자 모두 건강하게 관계를 맺고 이어가며 얽힌 갈등을 풀어갈 수 있을 것입니다.

알아두세요!

학교장 자체해결 진행 시 잊지 말아야 할 관점

전담기구의 사안조사 과정 및 피해학생 측을 대상으로 상담을 진행할 때 무리하게 학교장 자체해결을 강요하지 않아야 합니다. 학교장 자체해결의 요건에 해당이 된다 하더라도, 피해를 입은 학생이 고통을 호소한다면 그것은 결코 경미한 사안이 아닐 수 있음을 기억해 주세요.

또한 당사자가 아닌 다른 사람이 함부로 사건에 대해 경미함의 여부를 판단하는 것은 피해학생에게 더욱 큰 고통을 줄 수 있습니다. 학교폭력 발생 이후 모든 처리 과정에서는 피해학생의 고통 정도가 문제해결의 가장 중심에 있어야 합니다.

학교장 자체해결 사례

중학교 2학년 아이를 둔 엄마입니다. 아이가 평소 친하게 지내던 친구의 생일을 깜박했는데, 그 아이가 욕설과 함께 소리를 지르며 "아 씨○!

너 진짜 짜증나! 네가 갖고 있는 태블릿 피씨 한 달 동안 빌려주면 용서해 줄게!"라고 했다고 하네요. 아이는 고가의 물건을 빌려줘야 하나 고민하다가 저에게 그 사실을 털어놨고 저는 그 아이의 요구에 화가 나서 상대 학생을 학교폭력으로 신고했습니다.

처음엔 화가 나서 신고를 했지만 이후 아이와 대화를 나눠봤어요. 아이는 상대방이 처벌을 받으면 반 친구들이 자신과 놀지 않을 수 있으니 상대 아이와 오해를 풀고 사과받는 걸 원한다고 하더라고요. 신고 이후 심의위원회에서 상대 아이가 조치를 받으면 어쩌나 걱정했는데, 이 고민을 선생님께 털어놓으니 학교장 자체해결로 가능하다는 점을 안내해 주셨어요. 이후 서로 소통을 통해 관계회복을 위한 자리가 마련되어 현재는 아이들이 잘 지내고 있습니다.

31

진단서를 회수하면
학교장 자체해결이 가능한가요?

● ●

아침부터 학교가 떠들썩합니다. 가해학생 보호자가 학교에 와서 항의를 하고 있습니다. 피해학생 측이 제출한 진단서를 회수하고 자체해결에 동의하겠다고 함에도 불구하고 학교에서 자체해결이 불가능하다는 답변을 내놓았기 때문입니다.

학교가 불가능하다고 한 이유는 무엇일까요? 학교의 안내는 타당할까요?

사례에서 피해학생 측은 학교장 자체해결에 동의했다고 하지만 학교가 학교장 자체해결로 종결할 수 없습니다. 이유는 피해학생이 2주 이상의 진단서를 이미 제출하여 학교장 자체해결의 요건 미충족 사건에 해당하기 때문입니다.

신고 접수 초기에는 서로 화해가 되지 않아 피해학생 측이 2주 이상의 진단서를 발급받아 학교에 제출했을 겁니다. 추후 대화를 통해 관계회복에 이르렀고 의사를 번복하여 제출한 진단서를 회수한다고 할지라도 학교장 자체해결은 불가합니다. 2주 이상의 진단서를 발급받아 제출한 것을 학교가 확인한 이상 법령과 지침에 따라 학교장 자체해결로 처리할 수 없게 된 것입니다. 따라서 학교는 피해학생 측이 2주 이상의 진단서를 제출하는 경우, 이후 이를 회수하더라도 학교장 자체해결이 불가능하다는 것을 반드시 안내할 필요가 있습니다.

현장 인터뷰 🎤 ──────

변성숙 변호사 진단서 회수와 관련한 민원이 좀 있을 것 같아요.

책임교사 맞습니다. 진단서 제출 시 학교장 자체해결이 불가능하다는 사실조차 모르는 경우가 꽤 있어요.

변성숙 변호사 피해나 가해 측 모두 당황스럽겠어요. 화해가 되어서 더 이상 문제 삼고 싶지 않은 경우가 있을 텐데요. 교감 선생님 생각은 어떠세요?

변국희 교감선생님 제가 강조하는 부분인데요, 이렇게 중요한 문제는 학기 초에 '학교폭력 초기 대응과 사안처리 절차'를 가정통신문으로 안내하고, 사안 발생 시 이를 학부모와 함께 보면서 안내해야 놓치지 않습니다.

책임교사 맞아요. 결국 사전에 안내하지 않은 게 문제가 되는 건데요. 실수하지 않으려고 매뉴얼이나 안내 자료를 지참하고 학부모를 만난다거나 질의하시는 경우 확인해 본 후 답변 드리겠다고 하고 있어요.

변성숙 변호사 그렇군요. 사실, 진단서 제출과 상관없이 피해학생과 보호자가 자체해결에 동의하지 않으면 무조건 심의위원회는 개최되어야 하잖아요.

책임교사 그래서 학부모님들께 심의위원회 개최 전까지만 진단서가 제출되면 피해 측이 입을 불이익은 없다고 안내하고 있어요.

변국희 교감선생님 또 한 가지! 학교장 자체해결로 종결되면 동일한 사안에 대해 심의위원회 개최 요청을 하지 못한다는 것도 안내가 필요합니다. 다만, 가해 측이 재산상 피해 복구 약속을 지키지 않았다거나 조사 과정에서 확인되지 않았던 추가 사실이 확인되는 경우를 제외하고는 말이죠.

32
양측 보호자 간 다툼이 생겼어요

● ●

"부모님이 가해학생을 혼내주길 바라긴 했지만 그렇다고 가해학생 부모님과 다투는 걸 바란 건 아니었어요. 안 그래도 학교에 가면 가해학생 만나는 것이 두렵고 불편했는데 일이 더 복잡해진 것 같아 너무 힘들어요."

현장에서는 보호자의 개입으로 갈등이 심화되어 오히려 보호자 간 다툼이 생기고 소송과 같은 분쟁으로 확대되는 사례가 발생하기도 합니다.

자녀의 피해를 알게 된 보호자로서 가해학생 보호자에게 화를 내지 않고 차분히 말하는 것은 쉬운 일은 아닐 것입니다. 오랜 시간 학교폭력으로 힘들어했을 아이를 바라보며 속상한 마음에 가해학생과 보호자를 원망하며 감정을 쏟아낼 수도 있고 가해학생 보호자 또한 대화로 해결할 수 있을 것이라고 기대했는데, 학교 및 경찰 등에 신고한 피해학생 보호자를 원망하는 감정이 들 수도 있습니다. 하지만 아이들은 자신의 일로 부모님이 상대 학생 부모님과 다투고 일이 확대되는 것을 원하지 않는 경우가 대부분입니다.

학교폭력 피해학생들은 힘든 자신의 상황을 보호자가 충분히 공감하고 위로해 주길 원할 것이고 지금보다 더 큰 싸움이 일어나길 바라는 아이는 없을 겁니다. 학교폭력으로 보호자 간의 다툼이 발생했을 때는 각 보호자에게 아이들이 받을 상처와 어려움에 대해 이야기하고 아이들의 회복과 건강한 성장을 위해 조력하는 것이 우선임을 안내하는 것이 필요합니다.

알아두세요!

대상자별 욕구 분석

학교폭력으로 보호자 간 분쟁이 발생했다면 차분히 현재 갈등에 대해 분석해 보고, 양측 학생과 보호자의 욕구는 무엇인지, 상대측에게 원하는 점과 학교에 바라는 점은 어떤 차이가 있는지 파악하는 것이 도움이 될 수 있습니다.

대상자별 욕구 분석표 예시(피해, 가해 측 모두 사용)

	학생	보호자
상대측에게 원하는 것		
학교에 바라는 점		
기타		
학생, 보호자 간 욕구의 차이		

더 나아가 학생과 보호자 간의 욕구가 일치하는지를 확인하는 것은 효과적인 문제해결을 위한 열쇠가 될 수 있습니다. 학교폭력 문제에 있어 보호자의 의견도 중요하지만 당사자인 아이의 욕구가 더 중요하기 때문입니다.

33
관계회복 프로그램을 어떻게 진행해야 할까요?

● ●

학교폭력으로 양측 학생 간의 불편한 관계가 지속될 때 보다 관계가 편안해지기 위한 시도를 할 수 있는데 이때 학교에서는 관계회복 프로그램을 진행할 수 있습니다. 관계회복 프로그램은 심리 · 정서적 안정 및 학교와 일상생활, 또래(교우) 관계 등의 안정적 적응과 신속한 복귀, 회복을 조력하기 위한 프로그램을 의미합니다. 관계회복 진행 시 서로 소통하는 과정을 통해 상대방의 입장을 이해하고, 각자 생각하고 원하는 것을 나눌 수도 있어 보다 진심 어린 사과나 화해가 가능할 수 있습니다.

단, 관계회복을 진행할 때에는 양측의 욕구를 충분히 파악하여 진행하는 등 주의가 필요합니다. 또한 관계회복이 성공하든 성공하지 않든 실행에 옮겼던 아이들의 용기에 대해 충분한 공감과 지지를 표현하는 것이 중요합니다. 가해학생을 마주하고 이야기 나누는 것에 대한 두려움이 있음에도 불구하고 용기를 내어 소통을 시도한 피해학생과 자신의 잘못을 용기 내어 피해학생에게 전달하고자 마음먹은 가해학생의 태도에 강력한 응원의 마음을 보내주어야 합니다. 주도적으로 자신의 의사를 밝히고 소통하는 과정을 통해 아이들은 아픔을 딛고 더 나은 방향으로 성장할 수 있는 동력을 얻게 될 것입니다.

이럴 땐 이렇게! 🧰
효과적인 관계회복을 위한 대상자별 유의사항

▶ 피해학생
- 가해 측을 만나 소통하는데 불안, 우울, 공포 등 심리적 어려움은 없는지 탐색해 주세요.
- 가해 측과 관계를 회복할 의사가 있는지 충분히 탐색한 후 신중하게 결정해 주세요.
- 관계회복을 원하지만 시도하는 데 어려움이 있다면 충분한 안정을 취하고 준비가 될 수 있도록 도와주세요.

▶ 가해학생
- 자신의 행동을 인정하고 피해 측에 사과를 할 충분한 준비가 되었는지 점검해 주세요. 미안함을 표현할 준비가 되지 않은 상태

에서 무리하게 관계회복을 시도할 경우 서로 간 오해 및 관계가
더욱 악화될 수 있어요.

▶ 진행할 때 유의할 점
- 관계회복을 위한 시도는 학교폭력 가해 행위로 인한 피해학생의
  고통 정도를 고려하여 진행 여부를 신중하게 결정해 주세요.
- 어른들의 판단으로 학생들 사이의 관계회복을 권유하거나 강요
  한다면 그에 대한 부작용은 오롯이 학생의 몫으로 남게 돼요.
- 불편한 관계를 다시 회복하고자 용기를 낸 아이들에게 충분한
  공감과 지지, 응원을 보내주세요.
- 관계회복 프로그램이 진행되어도 사안처리 과정은 그대로 진행
  됩니다. 단, 관계회복이 이루어진 경우에는 학교장 자체해결제
  적용이나 심의위원회 진행 시 가해학생 조치결정 기준 중 '화해
  정도'에 반영될 수 있다는 점을 안내해 주세요.

34
보호자에게 관계회복 프로그램을
어떻게 안내해야 할까요?

• •

관계회복은 두 명 이상의 관련 대상자들이 발생 상황에 대하여 이해, 소통, 대화 등을 통해 원래 상태 또는 서로 일상생활로 돌아가도록 최선의 상태를 되찾기 위해 함께 노력하는 것을 의미합니다. 학교라는 공동체 안에서 함께 관계를 맺어가는 아이들에게 관계회복 프로그램은 그 자체로서 의미가 있고, 사안에 따라서는 큰 도움이 될 수 있습니다.

하지만 보호자들은 관계회복 프로그램이라는 제도가 낯선 데다가 피해학생 보호자는 사안을 쉽게 마무리하거나 가해학생이 제대로 된 교육이나 조치를 받지 못할 것이라는 불안함, 가해학생 보호자는 쉽게 잘못을 인정해서 더 큰 불이익을 받을지 모른다는 생각으로 관계회복 프로그램을 거부하는 경우가 종종 발생하기도 합니다.

관계회복 프로그램은 양측 학생들이 서로 소통하는 과정을 통해 상대방의 입장을 이해할 수 있고 보다 진심어린 사과나 화해가 가능할 수 있다는 장점이 있습니다. 하지만 관계회복을 위한 시도를 할 때 학교폭력의 경중, 피해학생의 회복 정도, 관계회복을 원하는지 등을 충분히 고려하고 양측의 동의를 기반으로 진행되어야 한다는 점을 잘 안내하는 것이 필요합니다. 이런 세심한 안내를 함께한다면 보호자는 불안함을 덜어내고 아이들을 위한 관계회복을 보다 적극적으로 시도할 수 있지 않을까요?

현장 인터뷰 🎤 ─────

교장선생님 간혹 관계회복 프로그램에 대해 안내하면 화를 내시는 보호자가 계십니다. 아이들을 위해 제안하는 건데 학교에서 사건을 축소하려는 것으로 오해를 하시는 것 같아 답답합니다.

김승혜 학교폭력 전문가 아이들을 위해 관계회복 프로그램을 제안하는 마음을 모르고 학교를 오해하는 보호자들을 마주하면 선생님 입장에서는 속상한 마음이 들 수 있을 것 같아요.

교장선생님 네! 맞습니다. 아이들을 위하는 마음은 선생님이나 보호자나 마찬가지잖아요.

김승혜 학교폭력 전문가 아직 충분한 조치나 피해의 회복이 이루어지지 않았는데 학교에서 관계회복 프로그램을 권하는 경우 오히려 학교가 문제를 축소하거나 제대로 처리하지 않으려 한다고 오해하는 경우가 있으신 것 같아요.

교장선생님 불필요한 오해를 만들지 않으려면 어떻게 해야 할까요?

김승혜 학교폭력 전문가 피해학생의 힘듦에 대한 충분한 공감과 이해, 그리고 이를 해결하는 데 필요한 지원이나 도움을 준비했다는 안내가 선행되고 이 과정에서 관계회복이 피해학생의 회복을 위해 중요한 포인트임을 안내하는 건 어떨까요?

교장선생님 관계회복 프로그램이 사안의 축소나 종결을 위해서가 아니라, 피해학생의 회복을 위해 도움될 수 있음을 안내하는 과정이 필요할 수 있겠군요.

35
관계회복 프로그램을 진행하기 전에
꼭 알아야 할 사항

● ●

"관계회복 프로그램을 진행하려고 하는데 학생들에게 도움이 될지 걱정입니다. 혹시라도 잘못되어 더 큰 마음의 상처를 주지는 않을까요?"

평소 친했던 학생 간 오해 및 갈등이 학교폭력으로 확대된 경우라면 학생 간 관계회복의 가능성이 높을 것입니다. 하지만 피해학생이 가해학생으로부터 심각한 수준의 신체 폭력을 당했다거나 성폭력 및 지능적이고 장기적인 괴롭힘과 같이 범죄 수준의 폭력 피해를 당해 왔다면 관계를 회복하는 것이 쉽지 않을 것입니다.

따라서 관계회복 프로그램을 진행하기에 앞서 양측 학생들이 관계회복을 위한 준비가 되어 있는지 확인하는 것이 꼭 필요합니다. 우선 피해학생이 관계회복을 원하고 있는지 확인하는 과정을 통해 진정한 치유와 회복이 시작되도록 도와야 할 것입니다. 또한 가해학생이 자신의 행동을 인정하고 피해학생에게 미안함을 표현할 준비가 되어 있는지 탐색하는 과정도 필요합니다.

양측 학생이 준비가 되지 않은 상태에서 무리하게 진행하면 오히려 부작용이 발생할 수 있습니다. 서로 오해가 확대되고 그러한 과정으로 피해학생은 심리적 어려움이 가중되고 또 다른 상처를 받을 수 있습니다. 따라서 관계회복 프로그램 전에는 양측 학생을 대상으로 충분한 준비가 되었는지 꼭 확인해 주세요.

이럴 땐 이렇게! 🧰
효과적 관계회복 프로그램을 위한 체크 사항

- 피해학생과 보호자는 현재 사과를 받을 준비가 되어 있고 원하는가?
- 사과하는 시간, 장소, 방법 등에 대해 소통하며 피해 측의 입장을 배려했는가?
- 가해 측은 잘못된 행동에 대해 충분히 인정을 했는가?
- 가해 측은 피해 측에게 잘못된 행동에 대한 반성과 미안한 마음을 충분히 전달할 준비가 되었는가?
- 가해 측은 사과를 했을 때 피해 측이 느낄 수 있는 감정을 고민하고 고려하였는가?

• 잘못된 행동이 재발되지 않기 위해 어떤 노력을 할 것인지 고민
  하였는가?

Part 5
학교폭력의 다양한 문제

다양한 상황에서의
지혜로운 문제해결

36
수사 결과가 나올 때까지
사안처리를 미뤄야 하나요?

● ●

대훈과 지원이 사귀다가 헤어지고 난 후 지원은 대훈이 자신을 강간했다고 친한 친구에게 털어놓았고, 친구의 신고로 학교폭력 사안이 접수되었습니다.

학교는 두 학생을 각각 불러 조사를 진행하였는데 대훈은 서로 좋아해서 관계를 했다고 하고, 지원은 강제로 성행위가 이루어졌다고 주장합니다. 두 학생의 진술 이외에 다른 증거 확보가 되지 않은 상황이고 수사가 진행되고 있어서 학교는 사안처리를 미루고 수사 결과를 기다려 보는 것이 좋겠다는 생각입니다. 대훈 아버지의 강력한 요구도 있고요. 가능할까요?

학교는 경찰 수사를 이유로 사안처리를 미룰 수 없고, 바람직하지도 않습니다.

범죄 행위에 대한 처벌을 목적으로 하는 형법과 달리, 학교폭력예방법은 학생을 건전한 사회구성원으로 육성하기 위한 교육적인 목적에서 제정된 것입니다. 따라서 동일한 사건으로 수사가 진행 중이라고 하더라도 이와는 별개로 학교폭력 사안처리는 해야 합니다.

다만, 심의위원회는 학교가 조사한 내용 및 심의위원회에서의 양측의 진술 등을 토대로 판단이 어려운 경우에 수사기관이나 법원의 판단을 기다려보기 위하여 조치 결정을 유보하는 경우가 간혹 있다는 점은 참고하세요.

Q&A

성폭력 사안처리

Q 성폭력도 학교폭력 사안으로 처리하나요?

A 학교폭력예방법 제2조(정의)에서 성폭력을 배제하고 있지 않으므로, 학생을 대상으로 한 성폭력 사안을 인지하게 되면 신고 접수 후 사안처리를 해야 합니다. 다만, 피해학생의 사생활 보호를 위하여 전담기구 심의 시 관련 서류를 비실명으로 처리할 수 있고, 피해학생이 심의위원회 참석을 원하지 않는 경우에 서면으로 의견을 제출할 수 있도록 안내해야 합니다.

Q 성폭력도 학교장 자체해결이 가능한가요?

A 성폭력 사안이라 하더라도 학교장 자체해결 자체가 불가능한 것은 아닙니다만, 피해학생에 대한 적극적인 보호를 위하여 공식적인 보호조치가 필요할 수도 있으므로 이에 대한 설명이 피해학생 측에게 충분하게 이루어져야 합니다.

Q 성폭력은 반드시 수사기관에 신고해야 하나요?

A 아동 · 청소년 대상 성범죄의 경우, 청소년성보호법에 따라 수사기관에 즉시 신고해야 할 의무가 있다는 것을 잊으시면 안 됩니다. 또한 성폭력방지법에 따라 피해학생의 명시적인 반대 의견이 없는 한 지체 없이 여성가족부에 성폭력 발생 통보를 하여야 하고, 발생 사실을 안 날부터 3개월 이내에 재발방지 대책을 마련하여 여성가족부에 제출하여야 합니다.

37

화해가 이루어졌다면
사안처리를 중단할 수 있나요?

● ●

학교폭력 사안처리에서 관계회복은 매우 중요합니다. 갈등과 다툼을 경험하며 이에 대한 회복의 방법과 상대방에 대한 배려를 배우는 시기이니까요. 그러나 관계회복에 앞서 본인 행동에 대하여 책임을 지는 경험을 배워야 하는 시기임에도 분명합니다.

우현(고2, 남)은 지선(고2, 여)이 자신을 놀린다고 생각하여 지선의 다리를 걸어 넘어뜨렸습니다. 지선은 화가 나서 돌아서 가는 우현을 향해 의자를 던져 어깨에 타박상을 입혔습니다. 우현의 보호자는 학교폭력 신고를 하였고, 사안 조사 과정에서 우현 측과 지선 측은 서로 잘못한 부분이 있으므로 화해를 했고 학교폭력 사안처리를 원하지 않았습니다.

이처럼 양측의 화해가 이루어진 경우에 사안처리를 중단할 수 있을까요?

사안처리를 중단할 수는 없습니다. 현행 법령에 따르면, 학교폭력 신고의 취소나 철회를 규정하지 않고 있으며, 학교장 자체해결로 처리되지 않는다면 심의위원회 개최를 요청하도록 하고 있기 때문입니다. 화해가 된 경미한 사건이라면 학교장 자체해결이 될 것이고, 화해가 되었더라도 행동에 대한 적절한 조치가 필요하다면 심의위원회를 개최해야 한다고 보는 것인데, 이때 심의위원회는 양측의 화해 정도를 조치 결정 시 반영할 수 있습니다.

또한 당시에는 보호자의 요청으로 사안처리를 하지 않았는데, 사안이 재발할 경우 보호자 입장에서는 학교가 학생을 보호해 주지 못했다는 생각을 할 수 있고, 이때 학교의 사안처리 과정에 대해 문제를 삼는 경우가 종종 있으므로 유의해야겠습니다.

현장 인터뷰 🎤 ————

학교폭력과 분쟁을 줄일 수 있는 방법
– 교육공동체가 안전한 초기 대응 시스템

책임교사 당사자가 사안처리를 원하지 않는데 사안처리를 진행하면 일이 커지거나 원성을 듣는 경우가 있습니다. 사안처리에 대한 분명한 기준이 있나요?

변국희 교감선생님 법률상 피해학생 또는 그 보호자가 요청하는 경우뿐만 아니라, 학교폭력 발생 사실을 신고받거나 보고받은 경우에는 반드시 사안처리를 해야 합니다.

책임교사 하지만 현실은 사소한 갈등이나 다툼까지도 학교폭력으로 신고하거나 학부모 분쟁으로 번져 많이 힘듭니다.

변국희 교감선생님 일상적인 다툼이나 갈등은 생활지도 차원에서 교육적으로 해결한다면 불필요한 분쟁을 줄이고 평화로운 학교를 만드는 데 도움이 될 수 있습니다. 최근 많은 법원에서도 '학교생활 중 발생하는 모든 갈등이나 분쟁을 학교폭력으로 의율하는 것은 바람직하지 않다며, 일상적인 학교생활 중 발생한 어떤 행위를 학교폭력으로 볼 것인지는 신중하게 판단해 달라'고 판시하고 있습니다.

책임교사 좋은 방법이 있다면 소개해 주세요.

변국희 교감선생님 학생, 학부모, 교사 모두가 안전하다고 공감할 수 있는 학교폭력 초기 대응 시스템을 만들고 실천하기를 권합니다. 마음의 상처를 입은 아이의 이야기를 학부모가 귀담아듣고, 담임 선생님과 함께 객관적인 상황을 파악한 후 어떻게 대처하면 좋을 지 상의하는 과정을 거치는 것입니다.

책임교사 학부모의 역할이 중요하네요. 학교폭력으로 가기 전에 충분한 소통이 필요하고요.

변국희 교감선생님 맞습니다. 학부모는 부모로서 책임을 다 해야 하고, 학급에서는 담임 교사가 중심이 되어 생활지도가 제대로 이루어지는 것이 필요합니다. 규모가 크거나 저경력 교사가 많은 학교에서는 학년부장 중심의 생활지도 체계가 도움이 될 수 있습니다. 생활지도로 해결이 안 되거나, 명백한 학교폭력은 곧바로 사안을 접수하여 처리하면 되고요.

책임교사 학교폭력인지 애매한 경우가 있을 텐데요?

변국희 교감선생님 진심어린 사과와 반성, 재발 방지 약속이 이루어지면 학생과 보호자는 학교폭력으로 진행되는 것보다 훨씬 안전하다고 느끼게 됩니다. 이때 관련 학생과 학부모가 생활지도를 통해 문제를 해결하기로 하였다는 확인서를 받아두면 안전합니다. 단, 학교폭력인지 애매하거나 불안하다면 사안을 접수하여 학교장 자체해결로 처리하는 것이 바람직합니다.

구체적인 절차와 내용은 다음의 가정통신문을 봐주세요. 교육공동체 모두에게 충분한 안내와 교육이 선행된다면 분명 도움이 될 것입니다.

'학교폭력 초기 대응 및 사안처리 절차' 가정통신문 안내

학교폭력 초기대응 및 학교폭력 사안처리 절차 안내	◎ 제20 - 호 ◎ 생활인권부 ◎ 발행일자 :

안녕하십니까? 학부모님의 가정에 건강과 행복이 함께하시기를 기원합니다.
가정에서 유의해야 할 학교폭력 발생 시 대처 요령과 학교폭력 사안발생 시 처리 과정을 안내하오니 아래의 내용을 충분히 숙지하시어 학교폭력 예방을 위해 협조 부탁드립니다. ※ 가정에 본 안내문을 부착해 두시고, 필요 시 재차 읽어보시기 바랍니다.

1　학교폭력의 개념

"학교폭력"이란 학교 내외에서 학생을 대상으로 발생한 상해, 폭행, 감금, 협박, 약취, 유인, 명예훼손, 모욕, 공갈, 강요, 강제적인 심부름 및 성폭력, 따돌림, 사이버 따돌림, 정보통신망을 이용한 음란 · 폭력 정보 등에 의하여 신체 · 정신 또는 재산상의 피해를 수반하는 행위를 말합니다.
▶ "사소한 괴롭힘", 학생들이 "장난"이라고 여기는 행위도 학교폭력이 될 수 있음을 인식할 수 있도록 분명하게 가르쳐야 합니다.

2　초기 대처 방법

마음의 상처를 입고 온 아이의 말을 귀담아 들어 주세요.
(아이에 따라서는 힘들어도 표현하지 않고 여러 행동으로 신호를 보내기도 합니다.)

이때 쉽지 않겠지만, 아이와 함께 흥분하는 것보다 부모님은 침착한 자세를 유지하는 것이 중요합니다.

▼

아이가 한 말을 중심으로 담임 선생님과 상담 전화를 합니다.
(평소와 다른 행동을 하거나, 표정이 어두울 때도 상담 전화를 합니다.)

사람은 누구나 자기중심적으로 말을 하게 됩니다. 담임 선생님과 통화하여 정확한 상황을 파악하고 대처 방법을 상의합니다.

학교폭력, 교육을 만나다

▼

(1) 담임 선생님의 중재 하에 생활지도를 통해 학생들이 잘 해결할 수 있도록 할 것인가? (2) 학교폭력 사안으로 파악되어 학교폭력 전담기구에 접수를 할 것인가?	학부모님께서 잘 판단하셔서 선택하시면 됩니다. ※학교가 명백한 학교폭력 사안으로 인지한 경우, 즉시 접수처리하며 이를 보호자께 안내함

▼

(1)을 선택하신 경우, 담임 선생님과 자녀를 믿고 문제를 해결할 수 있도록 지지해 주시고 부모님 생각을 분명하게 전달합니다.	담임 교사를 믿고 협조해 주시고, 담임 교사 조치 후 자녀의 상황을 유심히 관찰해 주세요.
(2)를 선택하신 경우, 학교폭력 전담기구에서 사안을 접수하여 아래에 제시되는 절차에 따라 진행됩니다.(학교장 자체해결 또는 교육지원청 심의 · 의결)	학교장 자체해결 또는 교육지원청 심의위원회로 보낼 것인지 결정하게 됩니다.

3 학교폭력 사안처리 과정

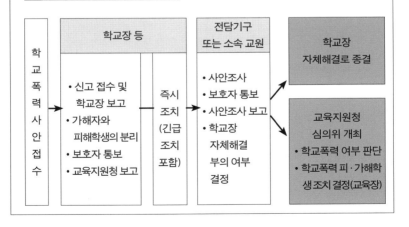

- 사안 발생 시 가해자를 피해학생과 분리(피해학생의 의사확인 후, 24시간 이내 분리 방법 결정 후 실시)
- 신고 · 접수 등 사건 인지 후 14일 이내에 사안조사, 전담기구 심의, 학교장 자체해결 여부 결정 및 시행
- 학교장 자체해결 사안이 아닌 경우, 심의위원회 개최 요청까지 14일 이내 완료하여야 함. 다만, 필요한 경우 학교장은 해당 절차의 완료를 7일 이내에서 연기 가능
- ※ 피해 · 가해학생은 피해 관련(추정) 학생 및 가해 관련(추정) 학생을 포괄적으로 의미함

4 학교장 자체해결 요건

1. 2주 이상의 신체적 · 정신적 치료가 필요한 진단서를 발급(제출)받지 않은 경우
2. 재산상 피해가 없거나 즉각 복구된 경우
3. 학교폭력이 지속적이지 않은 경우
4. 학교폭력에 대한 신고, 진술, 자료제공 등에 대한 보복행위가 아닌 경우
   ☞ 위 4가지 요건을 모두 충족하고, 피해학생 및 그 보호자가 동의하면 학교장 자체해결 가능

※ '학교장 자체해결'은 학교폭력예방법상의 절차로서, 경미한 학교폭력 사안에 대해 교육지원청 심의위원회에 회부하지 않고 학교장이 교육적으로 해결하는 방법입니다.
※ 본교는 경미한 사안의 경우, 피해학생과 학부모의 의견을 우선으로 고려하여 가해학생의 진심 어린 사과, 재발 방지, 관계회복 등 교육적 차원의 문제해결을 위해 노력하겠습니다. 학부모님들의 관심과 지도 협조를 부탁드립니다.

학교폭력, 교육을 만나다

- 담임 교사 및 학교폭력 담당 교사를 믿어주시고 적극적으로 협조해 주세요.
  ※ 학교폭력은 신고 접수 후, 조사 과정에서 일방적인 피해가 아니라 쌍방 사안
  이 되기도 하고, 학교폭력을 직접 행사하지 않더라도 가담한 학생이나 목격
  학생으로 조사를 받을 수 있음을 참고하시기 바랍니다.
- 자녀의 말만 듣고 판단하시기보다는 정확한 상황 파악을 위해 학교와 협조해
  주세요.
- 상대측 학생을 훈계하거나 다른 학생에게 사안에 대해 직접 물어보지 않도록
  합니다.
- 본교 교사, 상대방 학생과 학부모에게 폭언이나 불쾌감을 줄 수 있는 언행을
  하지 않습니다.
- 확인되지 않은 사실, 사실 여부와 상관없이 개인의 명예가 훼손될 수 있는 내용
  을 전달하거나 SNS에서 유포하지 않습니다.
- 학교폭력 사안 발생 시 담임 교사 또는 117로 즉시 신고해 주세요.

202 . 3. .

○ ○ **학교장**

38
보호자가 원하는 방향으로만
처리하기를 원해요

• •

자녀에게 학교폭력 사안이 발생하면 보호자는 어떻게 이 문제를 해결해야 할지 많은 고민을 하게 됩니다. 해결에 대한 관점은 각기 다양할 수 있는데, 피해 측 보호자의 경우 피해학생의 적극적인 보호 조치를 원하기도 하지만 가해학생의 강한 처벌, 재발 방지를 위한 약속, 치료비 및 향후 치료비, 위자료의 보상을 원할 수도 있습니다.

가해 측 보호자의 경우 학교장 자체해결로 진행되거나 생활기록부에 기재되지 않는 경미한 조치가 내려지기를 원할 수 있는데, 이러한 보호자의 욕구대로 사안이 진행되지 않으면 민원을 제기하겠다는 경우도 종종 발생하여 사안을 담당하는 교사들은 난감한 상황에 처하기도 합니다.

학교는 학교폭력 사안 발생 시 중립적, 객관적인 입장에서 사안을 바라봐야 하므로 보호자가 원하는 방향으로 사안을 처리하기는 어려울 수 있습니다. 사안이 경미하고 피해 측이 원한다면 학교장 자체해결로 종결하고 관계회복을 시도를 할 수 있지만, 그렇지 않은 경우에는 심의위원회를 통해 심의가 진행되기 때문입니다. 이럴 때에는 상황을 인지할 수 있도록 교사와 심의위원회의 역할을 객관적으로 안내하는 과정이 필요합니다.

전문가 한마디!
학교폭력 해결의 중심엔 아이가 있어야 한다

아이가 학교폭력에 노출되면 보호자의 시각으로 문제해결을 위한 다양한 시도를 합니다. 하지만 보호자의 이런 욕구보다 우선해야 하는 것은 사안의 당사자인 '아이'입니다. 아이가 원하는 것이 무엇인지 확인하고 당사자인 아이 중심으로 문제를 바라보고 해결을 위한 시도를 해야 합니다.

"현재 가장 큰 어려움을 겪고 있는 피해학생은 무엇을 원하고 있을까요?"

민원을 제기하는 것은 보호자의 선택이겠지만, 그 전에 아이는 이 문제가 어떻게 해결되기를 원하는지 아이와 소통하고 의견을 충분히 고려하여 교육적으로 접근하는 과정이 필요합니다.

39
가해자가 누구인지 몰라요

• •

피해 사실이 명확한데 가해자가 누구인지 모르는 경우가 종종 있습니다.

다인(중2, 여)은 SNS에서 자신의 아이디가 도용당하고 허위 사실이 유포되어 엄청난 정신적 충격을 받았습니다. 주변에서 다인을 보면 수군대는 통에 학교를 나가기도 힘듭니다.

학교폭력 신고를 하였지만 가해자를 지목하지 못하였고, 학교에서도 익명으로 이루어진 행위라 확인을 할 수가 없습니다.

가해자가 누군지 모르는 학교폭력 신고는 어떻게 해야 할까요?

학교폭력 피해로 신고가 되었으므로 학교는 사안을 접수하여 처리해야 합니다. 우선, 피해학생 면담 후 가해자 파악과 증거 확보를 위해 노력하고 수사기관의 협조를 구할 필요도 있습니다. 그럼에도 불구하고 가해자가 파악되지 않으면 피해학생의 의견을 청취하여 다음의 방법을 강구할 수 있습니다.

1 학교장 내부 결재를 통해 사안처리 기한을 1주 연장합니다.
2 상황이 장기화되고 피해학생 측이 보호조치를 원한다면 심의위원회 개최 요청을 할 필요가 있습니다.

심의위원회는 학교폭력 피해가 확인된다면 피해학생에 대한 보호조치를 할 수 있는데, 추후 가해학생의 신원이 확인되면 가해학생에 대한 선도·교육 조치 역시 가능합니다. 다만, 학교폭력 피해를 확인하기 어렵다면 조치 결정을 유보하고 수사기관의 결과를 참고할 필요도 있습니다.

위 과정에서 학교는 피해학생의 보호, 재발 방지 및 예방 교육에 힘써야 합니다. 또한 학교폭력 축소·은폐 의혹을 받거나 절차상 문제가 되지 않도록 교육지원청과 충분히 상의하고, 처리 과정에 대해 학교장 내부 결재를 받아두는 것이 바람직하겠습니다.

이럴 땐 이렇게! 🧰
피해학생을 특정할 수 없는 경우

현수(고1, 남)가 같은 학교 여학생들 사진을 몰래 찍고 다닌다고 신고가 들어와서 휴대폰을 확인해 보니, 교복을 입은 여학생들의 뒷모습과 신체 특정 부위만 촬영해서 누군지 정확히 확인할 수 없었습니다. 이럴 경우 어떻게 해야 할까요?

여학생들의 신체 부위를 몰래 촬영한 행위에 대해 피해학생을 특정할 수 없어도 '학생'을 대상으로 한 학교폭력 행위로 볼 수 있으므로 사안을 접수하여 처리해야 합니다. 이는 아동 · 청소년 대상의 성범죄이므로 수사기관에 신고를 하면 이 과정에서 피해학생이 특정되는 경우도 많습니다. 이후 심의위원회에서 학교폭력에 해당하는지 여부를 판단하고 가해학생에게 필요한 선도 · 교육 조치를 합니다. 사안처리 과정에서 피해학생이 특정된다면 보호조치 역시 이루어져야 합니다.

40
가해학생이 다른 학교에 다니고 있어요

• •

최근에는 학교가 아닌 곳에서 발생한 사건에 대하여 문의하는 경우가 꽤 많습니다. 학교 밖 학교폭력 사건은 어떻게 대응해야 할까요?

학원 복도에서 기웅(초2, 남)은 예림(초1, 여)에게 가위바위보 게임을 하자고 하였고, 예림이 가위바위보에서 지자 기웅은 윗옷을 들추고 속옷을 보여달라고 하였습니다. 예림은 안 된다고 했지만 게임에 졌으니 벌칙을 해야 한다기에 어쩔 수 없이 그렇게 했고, 게임을 계속하자는 기웅의 요구에 예림은 엄마에게 알려 학교폭력이 접수되었습니다.

학원에서 발생한 사안이고, 가해학생이 다른 학교에 다니는데 어떻게 처리해야 할까요?

우선, 학교폭력은 장소와는 무관합니다. '학교 내외'에서 학생을 대상으로 한 폭력 행위이므로 학원에서 발생하였더라도 이를 인지하거나 신고받은 학교는 사안을 접수하여 처리해야 합니다.

그리고 가해학생인 기웅이 다른 학교에 다니고 있으므로, 예림의 학교에서는 기웅의 학교에 연락하여 사안 조사를 해달라고 요청해야 합니다. 2차 피해나 재발 방지를 위해 학교 간에 신속하고 협력적인 초기 대응이 중요하다는 점도 기억해 주세요.

정확한 사안 조사를 위하여 가해학생 소속 학교에서 조사한 사안 내용을 공유하는 등 긴밀한 협조가 이루어지도록 해야 합니다.

이럴 땐 이렇게! 🧰
관련 학생의 소속 학교가 다른 경우 사안처리

관련 학생의 소속 학교가 다른 경우 학교 간의 협조가 중요합니다. 사안처리 과정을 단계별로 제시하면 다음과 같습니다.

관련 학생 소속 학교가 다른 경우 사안처리 과정(예시)

최초 사안을 인지한 학교에서 관련 학생의 학교에 사안 통지 및 조사 요청

▼

- 관련 학생 소속 학교별로 사안 조사 실시
- 사안 조사 결과를 서로 공유
- 필요 시 추가 조사 실시, 유선 협의 등 긴밀한 협조

▼

피해학생 소속 학교의 전담기구에서 학교장 자체해결 부의 여부 심의

▼

가해학생 소속 학교에서 피해학생 소속 학교의 결정에 따라 전담기구 심의

▼

- 학교장 자체해결 처리
- 학교장 자체해결 대상이 아니라고 판단할 경우,
심의위원회(혹은 공동 심의위원회) 개최를 요청해서 처리

41
피해학생에게 장애가 있어요

● ●

철환은 지적 장애가 있습니다. 화장실에서 소변을 볼 때면 몇몇 친구들이 철환의 엉덩이를 치거나, 철환의 표정이나 행동을 따라하면서 놀리는 경우가 빈번해졌습니다. 선생님의 눈을 피해 이러한 행동을 하는 학생들을 용서할 수 없다며 철환의 보호자는 학교폭력으로 신고했고, 신고를 당한 학생들은 철환도 욕을 하거나 장난을 쳤다고 맞신고를 했습니다.

철환의 부모님은 장애를 가진 본인 자녀를 학교폭력으로 신고할수 있느냐며 펄쩍 뛰고 계시는데요. 관련 학생이 장애가 있는 경우에도 사안처리가 가능할까요? 이때 주의할 점은 무엇일까요?

학교폭력예방법에 따르면, 누구든지 장애 등을 이유로 장애학생에게 학교폭력을 행사해서는 안 됩니다. 하지만 장애학생이라고 하여 사안처리에서 제외되거나 하는 예외 규정은 없습니다. 다만 장애로 인한 피해를 방지하기 위하여 조사 시 특수교육 전문가를 참여시켜 장애학생의 의견 진술 기회 확보 및 진술을 조력할 수 있도록 노력하고, 상황 전달 및 자기 표현이 부족할 수 있으므로 안정적인 분위기를 조성하는 등 더욱 세심한 배려를 하도록 합니다.

심의위원회에 회부된 경우, 심의위원회는 특수교육 전문가를 참석시켜 의견을 들을 수 있고, 가해학생 조치를 결정할 때 피해학생이 장애학생인지 여부는 학교폭력 행위의 경중을 판단하는 요소가 됩니다. 또한 피해자가 장애학생인 경우 가해학생의 조치를 가중할 수 있습니다.

이럴 땐 이렇게! 🧰
장애학생에 의한 폭력 예방과 대처

사회성 문제, ADHD, 품행장애 등이 있는 아동이 적절한 심리적, 의료적 조치를 받지 않은 상태로 등교를 하게 되면 크고 작은 사건이 발생할 수 있습니다. 특히 신체적 폭력이나 상해, 성폭력이 발생하거나 경미하지만 공격적 행위가 반복적으로 이루어지면 피해를 입는 학생과 그 보호자는 더 이상 인내하기 어렵다며 학교에 도움을 요청하게 됩니다.

학교폭력예방법상 장애학생이 가해자인 경우 학교폭력 사안처리에 있어 예외적인 규정은 없습니다. 그렇다고 장애학생의 행위를 비장애학생과 동등한 잣대로 보고 매번 사안을 접수하여 처리할 수는 없을 것입니다.

　장애학생의 폭력 예방 및 보호, 사안 발생 시 적극적인 대처와 치유를 위해 아래와 같이 점검하고 진행해 보시면 좋겠습니다.

　1 학생, 학부모, 교사 대상별 장애 이해 교육을 실시합니다.

　2 심리상담이나 의료적 조치가 잘 이루어지고 있는지 체크합니다.

　3 피 · 가해학생 학부모와 상담을 통해 가정 연계 교육을 강화합니다.

　4 심각한 경우 구체적, 전문적, 협력적인 대책을 강구합니다.

　　－ 교육지원청 Wee센터와 연계한 상담 및 치료 지원

　　－ 공격적 행동 제지 및 분리 대책, 재발 방지 노력 등

42
다문화 학생이 학교폭력 피해를 당했어요

● ●

다문화 학생이 학교폭력 피해를 당했습니다. 이때 아이와 보호자 대상 면담과 사안처리 과정에서 유의해야 할 점은 무엇이 있을까요?

다문화 학생(중도 입국, 외국인 학생 등)과 탈북학생의 경우에도 기본적인 사안처리는 일반 학생과 동일합니다. 그러나 다문화 학생과 탈북학생은 문화적 · 언어적 차이가 있기 때문에 사안처리 과정에서 세심한 주의가 필요합니다.

한국어 의사소통능력이 부족하거나 다양한 문화적 배경을 지닌 다문화 학생 및 탈북학생, 그리고 이들 보호자에 대한 사안 조사나 상담 시에는 통역을 활용하거나 관련 담당 교사를 참여시키도록 하여 충분한 상담이 이루어질 수 있도록 해야 합니다.

전담기구나 심의위원회는 교육청 등에 다문화 학생의 상담을 전문적으로 담당하는 상담사가 상주하는 경우 이를 적극 활용하는 것이 좋습니다. 예비학교 담당자, 탈북교육 담당자 등 전문가를 참여시켜 문화적 특성 등에 대한 의견을 참고하는 것도 필요합니다. 아울러, 학교에서 예방 교육 시 다문화 학생의 인권 보호 관련 내용을 포함하도록 해야겠습니다.

알아두세요!

다문화·탈북학생과 면담 시 유의사항

- 다문화 학생, 탈북학생이라고 편견을 갖지 않고 일반 학생들 대상 대화와 동일하게 긍정적인 측면에 초점을 맞추어 대화를 진행해 주세요.
- 학생과 의사소통이 원활하지 않은 경우 그림 자료를 활용하는 것이 도움될 수 있어요.
- 피해학생이 어려움에 대해 간단히 말해도 이를 수용하고 공감한 뒤, 학생 주변에 도움을 줄 사람이 많이 있음을 알 수 있도록 질문하는 과정이 도움될 수 있어요.
- 선생님이 학생의 회복과 학교 적응에 도움을 줄 수 있다는 것을 알리며 신뢰를 주는 과정도 필요해요.

43
중학교 때 일을 고등학교에 와서 신고했어요

• •

수한은 고등학교 1학년에 진학한 후, 중학교 2학년 당시 같은 반에서 자신을 괴롭힌 정호를 학교폭력 가해학생으로 신고하였습니다. 정호는 수한과 티격태격하기는 했지만 괴롭힌 적이 없고, 만약 그런 일이 있었으면 중학교 때 문제 삼지 왜 고등학교에 올라와서 신고하냐며 부당하다는 주장입니다.

이처럼 중학교 때 일을 고등학교에 와서 신고한 경우 사안처리를 해야 할까요? 한다면 중학교와 고등학교 중 어디에서 해야 할까요?

학교폭력은 관련 법령상 사안처리의 시효가 없기 때문에 신고를 하면 학적을 기준으로 사안을 접수하고 처리해야 합니다. 중학교 때 발생한 학교폭력 사안을 상급 학교인 고등학교에 진학해서 신고했다면 해당 학생이 재학하고 있는 고등학교에서 접수, 처리해야 합니다.

따라서 수한이 재학 중인 고등학교에서는 사안을 접수하고 정호가 재학 중인 학교에도 알려 사안 조사가 이루어지도록 해야 합니다. 다만, 동일한 건으로 졸업한 학교에서 학교장 자체해결 등의 사안처리를 했는지 먼저 확인해 볼 필요가 있습니다.

알아두세요!
상급 학교 진학 후 신고된 사안의 처리

피해학생에게 가해학생은 불편하거나 두려운 존재입니다. 그러다 보니 피해 상황에서 곧바로 도움을 요청하거나 신고하지 못하다가 상급 학교 진학 후에 용기를 내어 신고하는 경우가 있습니다.

학교폭력 가해학생 조치가 학교생활기록부에 기재되니, 입시에 불이익을 주자는 목적으로 상급 학교에 진학 후 신고하는 경우가 있지만, 학교폭력 사안처리에 시효가 없으므로 이를 문제 삼기는 어렵습니다. 상급 학교 진학 후 접수된 사안처리와 관련하여 다음과 같은 판례가 있습니다.

학교폭력예방법상 학교폭력의 발생 시점이나 징계 시점을 제한하는 규정을 두고 있지 아니한 점, 학교폭력으로 인한 가해학생에 대한 조치에 관해서는 그 조치권의 행사를 제한하는 제척기간이나 공소시효 등에 관한 규정도 존재하지 않는 점, 학교폭력의 발생 이후에 상급 학교로 진학하였다고 해서 피해학생의 보호 및 가해학생의 선도 · 교육의 필요성이 소멸한다고 볼 수 없는 점, 초 · 중학교 졸업 무렵에 발생한 학교폭력에 대해서는 즉각적인 조치가 이루어지지 않은 채 진학하는 이상 가해학생에 대한 조치가 더 이상 불가능하게 되어 법 적용의 사각지대가 발생하게 되는 점 등을 종합하여 보면, 학교폭력이 중학교 재학 중에 발생한 경우에도 당해 가해학생이 소속된 고등학교장(현 교육장)은 가해학생 조치를 할 수 있다고 보아야 한다. **[대구고등법원 2018누2620판결]**

44
피해학생 보호자가 학교를 믿지 못해요

• •

"우리 아이가 이렇게 되도록 도대체 뭘 하신 거예요?"
"선생님은 왜 우리 편을 들지 않나요? 대체 누구 편이세요?"
"학교의 사안처리 과정이 전문적이지 않아서 신뢰하기 어렵네요!"

자녀가 학교폭력 피해에 노출되면 보호자는 당황스러움, 속상함 등 다양한 감정을 느낄 수 있습니다. 피해학생 보호자의 경우 '아이가 피해를 당할 때까지 선생님은 무엇을 한 거지?', '학교는 일이 커지는 것을 원치 않을 테니 피해 사실을 축소할지도 몰라!'와 같이 학교를 원망하거나 오해하는 마음이 생길 수도 있습니다. 이와 같이 보호자의 혼란스러운 마음이 학교에 대한 불신으로 확대되는 경우 아이의 보호는 물론 사안처리 과정에도 어려움을 겪을 수 있습니다.

이럴 때는 보호자의 혼란스러운 마음을 충분히 듣고 공감한 후 학교는 중립적이고 객관적인 입장에서 아이들의 보호와 선도를 위해 보호자와 함께 문제를 해결할 의지가 있다는 점을 전달하는 것이 필요합니다. 신뢰는 불안하고 속상한 보호자의 마음을 충분히 공감하고 들어주는 것에서 시작될 수 있기 때문입니다.

이럴 땐 이렇게! 🧰
피해학생 보호자와 신뢰를 쌓기 위한 초기 대응

▶ 공감과 존중
놀라고 속상했을 보호자의 마음을 충분히 듣고 공감해 주세요.

"많이 놀라고 속상하셨지요. 어려운 걸음인데 이렇게 와주셔서 감사합니다."
"얼마나 마음이 아프셨을까요. 힘드시겠지만 현재 아이 상황에 대해 말씀해 주실 수 있을까요?"

▶ 관심과 배려
현재 학생의 신체적, 심리적 상태를 묻고 염려되는 교사의 진심 어린 마음을 전달해 주세요.

"지금 아이는 어떤가요? 아이가 몸도 마음도 힘들 것 같아 걱정되는 마음에 여쭤봅니다."

▶ 욕구 탐색

문제해결을 위해 학생과 보호자가 원하는 것이 무엇인지 탐색해 주세요.

"현재 상황을 어떻게 해결하는 것이 좋을지 많은 고민을 하셨을 것 같아요."

"보호자는 지금 이 상황이 어떻게 해결되기를 원하시나요? 도움받거나 궁금하신 점이 있으시다면 이야기해 주세요."

"아이와도 이야기 나눠보셨을까요? 아이는 현재 상황이 어떻게 해결되길 원하고 있을까요?"

▶ 신뢰 형성

힘들어하는 학생의 회복을 위해 보호자와 함께 고민하고 노력할 것임을 안내해 주세요.

"학교에서도 사안과 관련하여 아이와 보호자의 의견을 충분히 듣고 조사하여 일상으로 회복하는 데 도움될 수 있도록 노력하겠습니다."

▶ 사실 확인

자녀의 이야기만 듣고 피해 사실을 확대하여 표현하는 학부모가 있다면 아이의 일상 회복을 위해 객관적 사실 확인이 중요함을 안내해 주세요.

"아이에게 들으신 상황이나 현재 파악하고 계신 내용에 대해 이야기해 주실 수 있을까요?"
"보호자의 말씀을 충분히 들은 후 현재까지 학교에서 확인하고 정리된 내용에 대해서도 안내드리겠습니다."
"아이가 현재 경험한 일에 대해 많은 힘듦이 있었을 거라 생각됩니다. 하지만 아이의 보호와 중립적인 사안처리를 위해서는 객관적인 상황을 바탕으로 학교와 함께 문제해결을 위한 고민을 하는 것이 필요할 것 같아요."

45

가해학생 보호자가
아이의 잘못을 인정하지 않아요

● ●

"이 정도는 아이들에게 흔히 발생하는 일 아닌가요?"

"피해학생이 먼저 잘못한 게 있겠죠. 가만히 있는데 저희 아이가
그럴 리가 없어요."

"원래 아이들은 다 싸우면서 크는 거 아닌가요? 과거에 이런 일은
폭력도 아니었는데…."

가해학생 보호자의 경우 자녀가 다른 학생에게 폭력을 가했다는
사실에 당황스러움과 혼란스러움, 설마 내 아이가 그랬을까 하는 의
심, 미래에 불이익이 생길지도 모른다는 불안함 등 다양한 감정을 느
끼기도 합니다. 동시에 잘못을 인정하면 더 큰 피해를 입을지도 모른
다는 염려를 하기도 합니다.

이럴 때는 가해 행동에 대해 비난하며 사실 확인을 추궁하기보다 우선 가해학생 보호자가 느낄 감정과 상황에 대해 공감하고 아이의 재발 방지를 위해 학교와 가정이 협력하여 어떤 역할을 할지 고민하는 과정이 필요합니다.

또한 보호자가 아이의 가해 행동을 정확하게 알지 못하거나 축소하여 이해하는 경우가 발생하기도 합니다. 교사는 보호자와 상담 시 아이의 가해 행동에 대해 객관적으로 정확하게 알린 후 재발 방지를 위한 가정의 역할과 학교와의 협력이 중요함을 알리는 과정도 도움이 될 것입니다.

무엇보다 중요한 것은 가해학생이 가해 행동을 재발하지 않는 것입니다. 아이의 가해 행동으로 피해학생이 오랜 시간 고통 속에 있어야 한다면 그것은 가해 행동을 한 아이에게도 커다란 짐이 될 수 있습니다. 비록 현재는 가해 행동을 했지만 자신의 행동을 뉘우치고 건강하게 성장할 수 있도록 조력하는 것이 무엇보다 중요한 보호자의 역할임을 안내하는 과정이 필요함을 기억해 주세요.

이럴 땐 이렇게! [+]

가해학생 보호자와 대화하기

▶ 객관적 사실 확인

가해 행동에 대해 객관적인 사실을 전달해 주세요.

"○○가 △△에게 한 행동은 흔히 친구 사이에서 발생할 수 있는 장난이라고 하기에는 지나친 행동이라 할 수 있습니다. 공개적인 장소에서 ○회 이상 반복적으로 △△에게 '××'라는 표현을 해서 아이가 많이 힘들어했어요."

▶ 가해 행동 인정하기

가해학생이 같은 행동을 반복하지 않기 위해 자신의 행동을 인정하는 과정이 중요함을 안내해 주세요.

"지금 많이 속상하시겠지만 올바른 방향으로 문제를 해결하기 위해서는 아이의 행동에 대해 정확히 이해하는 것이 필요합니다."

"아이가 자신이 잘못한 점을 제대로 알지 못하면 이후에 같은 행동을 반복할 수도 있습니다. 그렇지 않기 위해서는 부모님의 조력이 가장 중요합니다."

"아이가 자신의 행동을 반성하고 다시 반복하지 않도록 학교에서도 최선을 다해 교육하겠지만 가정에서도 함께 고민하고 도와주시는 시간이 필요합니다."

▶ 진심으로 사과하기

피해학생의 회복과 가해학생의 성장을 위해서는 사과하는 과정이 중요함을 안내해 주세요.

"상대방을 힘들게 한 자신의 행동을 인정하고 미안한 마음을 전달하는 과정은 매우 중요합니다."

"진심 어린 사과는 본인의 행동에 대해 책임을 지는 태도를 배울 수 있고, 상대학생에게 그 진심이 닿는다면 상처의 회복에 큰 도움이 될 수 있습니다."

"아이는 상대 학생에게 어떤 말과 행동으로 진심을 담아 미안한 마음을 전달할 수 있을까요? 아이와 함께 고민해 보셨을까요?"

▶ 조력과 재발 방지
보호자는 아이의 반성을 돕는 가장 중요한 조력자이며 학교에서도 아이의 선도를 위해 함께 노력할 것임을 안내해 주세요.

"앞으로 ○○가 이런 행동을 반복하지 않아야 친구들과도 더욱 잘 지낼 수 있을 거라 생각됩니다. 친구가 불편하고 힘들어하는 것을 알면서도 '××'라는 표현을 반복하는 행동은 하지 않도록 가정에서도 잘 지도해 주시길 요청드리겠습니다."

"현재 아이가 가해 행동을 했지만 자신의 행동을 반성하고 건강하게 성장할 수 있도록 학교도 중심을 잘 잡고 지도하겠습니다. 학교에서 어떤 도움을 주면 아이가 행동을 반복하지 않을 수 있을까요? 부모님이 고민하신 방법이 있으시다면 이야기해 주실 수 있을까요?"

46
상대측 학부모의 연락처와 주소를 알려달라고 해요

● ●

주짓수를 가르쳐 주겠다면서 재민(고1, 남)은 같은 반 정민을 넘어 트리고 다리꺾기를 하여 정민의 다리 인대를 다치게 하였습니다. 정민의 보호자는 재민을 학교폭력으로 신고하였고, 재민의 보호자는 정민의 보호자에게 사과하기를 원해서 담임 교사에게 요청하여 정민 보호자의 휴대폰 번호와 주소를 받았습니다.

재민의 보호자는 정민의 보호자에게 여러 차례 전화를 시도했지만 받지 않거나 냉담한 태도로 나오자, 정민의 집을 방문하여 밤늦은 시간에도 벨을 누르고 문을 두드렸습니다. 정민의 보호자는 담임 교사가 임의로 연락처와 주소를 알려주는 바람에 온 가족이 정신적 피해를 받고 있다면서 담임 교사를 징계해 달라고 합니다. 담임 교사가 잘못한 것일까요?

학교폭력예방법 제21조에 따라 학교폭력 관련 업무를 수행하거나 수행하였던 자는 그 직무로 인하여 알게 된 비밀 또는 가해학생·피해학생 및 신고자·고발자와 관련된 자료를 누설해서는 안 됩니다. 이를 비밀누설금지 의무라고 하는데, 상대방 학생 보호자의 연락처와 주소는 비밀에 해당하므로 당사자의 동의를 구하지 않고 제공하는 것은 법령 위반에 해당할 수 있어 각별한 주의가 필요합니다.

이럴 땐 이렇게! 🧰
학교폭력 비밀누설, 이것만은 주의하세요!

학교폭력 비밀 유지가 필요하다는 건 알겠는데 어떤 것들이 문제가 될 수 있을까요?

먼저 비밀누설과 관련되어 학교가 겪는 민원 사례들을 살펴보면, 상대측 연락처나 주소를 동의 없이 알려주는 경우, 상대측 학생이 작성한 확인서를 보여주거나 읽어주는 경우, 목격학생이 누구인지 알려주는 경우, 사안 관련 내용을 복사나 캡처해서 SNS 등으로 유출되는 경우, 관련 문서를 교실 책상 등에 방치하여 유출되는 경우 등을 들 수 있습니다.

그렇다면 비밀의 범위가 법률로 정해져 있는 것일까요? 학교폭력예방법 시행령에 따른 비밀의 범위는 다음과 같습니다.

- 피 · 가해학생 및 가족의 성명 등 개인정보에 관한 사항
- 피 · 가해학생에 대한 심의 · 의결과 관련된 개인별 발언 내용
- 분쟁 당사자 간 논란을 일으킬 우려가 있음이 명백한 사항

공개할 수 있는 정보가 거의 없는 것 같은데, 학부모가 막무가내로 자료 요청을 할 때는 어떻게 해야 할까요?

학부모 본인의 자녀가 쓴 확인서는 공개 범위에 해당하지만 그 외 정보와 자료는 사실상 비밀의 범위에 포함되니 주의해야 합니다. 따라서 학부모가 학교폭력 관련 자료 공개를 요청하면 법령상의 비밀누설금지 의무와 비밀의 범위를 말씀드린 후, 정보공개청구 절차(www.open.go.kr 정보공개포털)를 안내해 주시면 되겠습니다.

47
피해학생 보호자가
가해학생을 과도하게 비난해요

● ●

"가해학생이 집안 환경도 어렵고 할머니가 아이를 키운다고 하던데, 그래서 애들을 그렇게 괴롭히고 다니는 건지…. 그 아이가 커서 뭐가 되겠어요!"

"○○는 소문난 문제아예요. 부모는 아이에게 별 관심도 없는 것 같아요."

"가정교육을 어떻게 시켰길래 친구를 괴롭히겠어요. 부모도 안 봐도 훤하죠!"

"원래 △△가 친구가 없지 않나요? 이전 학교에서도 학교폭력 가해를 했다는 소문이 있던데…."

피해학생 보호자와 면담을 하다 보면 가해학생 및 가해학생 보호자를 비난하는 경우를 마주할 수 있습니다. 간혹 속상해하는 피해학생 보호자와의 공감대를 형성하기 위해 교사가 보호자에게 동요되어 함께 가해학생을 비난하는 경우가 있는데 이는 매우 위험한 행동입니다. 피해학생 보호자가 가해 측에 "제가 가해학생에게 문제가 많다고 했더니 선생님도 그렇다고 했어요."와 같이 상황을 전달하여 '피해 측 – 가해 측 – 학교(교사) 측' 간의 갈등으로 확대될 수 있기 때문입니다.

교사는 무엇보다 중립적이고 객관적인 입장을 유지하는 것이 필요합니다. 피해학생 보호자가 가해학생을 비난한다면 교육자로서 가해 행동에 대한 사실을 확인하고 전달하되 가해학생의 비난에 동조하지 않아야 할 것입니다. 또한 교사는 피해학생 보호자에게 가해학생이 자신의 잘못된 행동을 충분히 인정하고 반성할 수 있도록 교육적으로 잘 조력할 것임을 안내하는 것이 필요합니다.

이럴 땐 이렇게! 🧰
보호자들이 상대측에 대해 뒷담화를 할 때

간혹 보호자들이 학교로 찾아와 자녀의 학교폭력 문제로 상대측에 대한 뒷담화를 하는 경우가 있습니다. '발 없는 말이 천리를 간다'는 속담이 있듯이 소문이 확대되고 와전되어 상대측에게 소문이 전달될까 봐 걱정되는데 이런 경우 어떻게 할까요?

상대측의 뒷담화를 하는 부모님을 마주할 때 난감한 선생님의 입장이 충분히 이해됩니다. 수긍을 할 수도 없고 수긍을 하지 않으면 보호자의 마음이 상할까 염려되는 마음도 들 수 있지요. 그럴 땐 솔직하게 염려되는 마음을 전달하는 것도 도움이 될 수 있습니다.

"속상하신 마음은 이해되지만 혹시라도 이러한 표현을 다른 분들에게 하셨을 때 이야기가 와전되어 상대측에게 전달되지 않을까 염려되는데 어떠신가요?"

"○○이가 △△에게 한 행동은 잘못된 행동이고 ○○도 △△에게 미안한 마음을 어떻게 전달해야 할지 고민하고 있는 것으로 알고 있습니다. 저도 교사로서 ○○이가 어떻게 해야 이런 행동을 반복하지 않고 앞으로 건강하게 성장할지 함께 고민하고 지도하려고 합니다."

뒷담화는 보호자 간의 갈등과 분쟁으로 확대되어 학교폭력 문제 해결에 커다란 걸림돌로 작용할 수 있습니다. 가장 소중한 아이들의 보호와 선도를 위해 함께 집중해야 할 시기임을 보호자들이 알 수 있도록 안내해 주는 과정이 필요합니다. (151쪽 가정통신문의 '당부 말씀' 참고)

48
학교폭력 관계 서류를 전부 보여달라고 해요

● ●

피해학생이나 가해학생 학부모는 자녀의 학교폭력이 어떻게 처리되고 있는지 궁금하고 불안할 수밖에 없습니다. 그러다 보니 관련 학생 학부모가 해당 사건과 관련된 서류들을 전부 보여달라고 하는 경우가 있는데 매우 난감합니다.

보호자가 관련 서류를 보여달라고 하면 '정보공개 청구'를 통해 진행해야 합니다. 즉, 공공기관인 학교나 교육지원청이 보유한 정보에 대하여 열람이나 사본 제공 등의 공개를 요청한다는 것인데요. 이때 학교나 교육지원청은 「공공기관의 정보공개에 관한 법률」(이하 '정보공개법')에 따라 해당 정보공개 요청 건을 처리해야 합니다.

보호자에게는 통상 정보공개포털(www.open.go.kr)을 통해 정보공개를 청구할 수 있음을 안내하면 됩니다. 학교를 방문하셨다면 행정실 등 정보공개 업무 담당자에게 청구할 수 있습니다. 이때 학교나 교육지원청은 법령이 정한 비공개 대상 정보가 아닌 이상 해당 정보를 공개할 의무가 있습니다.

학교폭력과 관련된 서류는 대부분 학교폭력예방법상 '비밀'에 해당하는 사항이고, 개인정보보호법상 '개인정보'에 해당할 수 있는 내용이므로 비공개 결정을 하는 것이 일반적입니다. 다만, 본인 자녀가 작성한 확인서는 공개하면 되고, 심의위원회 회의록은 이를 보유한 교육지원청에서 개인정보를 삭제하고 공개합니다.

알아두세요!
CCTV 영상 공개는 가능할까?

CCTV 영상 역시 학교나 교육지원청이 보유한 정보로 볼 수 있습니다. 따라서 정보공개법을 준용하여 공개 여부를 결정하면 됩니다.

행정안전부는 정보공개 운영 안내서(2021)를 통하여 다음과 같이 안내하고 있습니다.

CCTV 영상에 포함되어 있는 타인의 얼굴, 차량번호 등은 정보공개법 제9조 제1항 제6호에 따른 비공개 대상 정보에 해당합니다. 청구인 본인만이 촬영된 경우 본인에게 공개 가능할 것이나, 청구자 외 다른 사람 얼굴 등이 포함되어 있다면 마스킹 처리를 하는 등 개인(타인)을 식별할 수 없게 처리하여 열람 등 할 수 있을 것이며, 마스킹 처리 등에 수반되는 정보공개 수수료는 청구인이 부담해야 할 것입니다.

　피해학생 측이 정보공개 청구를 했는데 해당 CCTV 영상에 가해학생이나 주변 학생들 얼굴 등이 포함되어 있다면 원칙적으로 비공개 결정이 타당합니다. 하지만 마스킹 처리를 하는 등 타인을 식별할 수 없게 처리하여 열람 등을 하게 할 수 있으며, 그에 수반되는 비용은 청구인인 피해학생 측이 부담합니다. 다만 여기에도 예외는 있습니다. 다른 학생들의 사생활의 비밀 또는 자유를 침해할 우려가 크지 않고 청구인의 권리구제를 위하여 필요하다고 판단되는 경우(비교형량)에는 마스킹 처리 없이도 정보공개법 제9조 제1항 제6호 다목에 근거하여 공개할 수 있습니다.

49
경찰서에서 자료를 보내달라는 요청이 왔어요

경찰서에서 수사협조의뢰 공문을 받았습니다. 이럴 땐 어떻게 해야 할까요?

수사기관에서 관련 학생들의 개인정보나 학교폭력 관계 서류를 요청하는 경우 학교로서는 학교폭력예방법이나 개인정보보호법에 위반되는 것이 아닌지 걱정될 수밖에 없습니다. 더욱이 교육적 목적으로 진행된 학교폭력 사안처리의 관련 서류들이 수사기관에 제출되어 형사처벌이나 보호처분의 근거로 활용되는 것은 아닌지 염려됩니다.

그러나 수사기관은 「형사소송법」과 「경찰관직무집행법」에 근거하여 학교나 교육지원청에 수사 또는 직무수행 등에 필요한 자료를 요청할 수 있습니다. 이때 자료 제출이나 개인정보 제공이 강제되는 것은 아니므로, 학교장과 교육장은 사안의 성격, 요청한 자료의 종류, 분쟁의 가능성 등을 종합적으로 판단하여 자료 제출이나 개인정보 제공 요구에 어느 정도 협조할 것인지 검토할 필요가 있습니다.

이때 개인정보를 수사기관에 제공한다고 하더라도 개인정보보호법 위반으로 보지는 않습니다(범죄의 수사와 공소의 제기 및 유지를 위하여 필요한 경우, 개인정보보호법 제18조 제2항 제7호). 또한 수사기관의 요청에 의한 자료 제공은 학교폭력예방법상 비밀누설금지 의무 위반에도 해당하지 않습니다. 최근에는 자료 제출 협조를 거부하는 경우 압수수색영장을 발부받아 집행하는 경우도 잦으므로 이 역시 염두에 두어야겠습니다.

알아두세요! 📓

경찰서에서 유선으로 자료 제출을 요구한다면?

경찰서에서 유선으로 자료 제출을 요구한다면 협조 공문을 보내 달라고 요청합니다. 공문을 받으면 사안의 성격, 요청한 자료의 종류, 분쟁의 가능성 등을 종합적으로 판단하여 협조 여부, 제출할 자료의 범위를 결정합니다.

예를 들어 적극적인 협조로 수사가 신속하게 종결되는 것이 바람직할 것인지, 학교에서의 진술과 수사기관의 진술이 달라 분쟁의 씨앗이 될 가능성은 없는지, 또는 자료로 인해 민원이 예상되는지 등을 생각해 볼 필요가 있습니다. 관련 학생 측의 동의는 필수가 아니나 워낙 민감하고 조심스럽다면 동의 여부를 묻고 자료 제출 여부를 판단하는 것도 가능합니다.

경찰서에서 보내온 수사 협조 공문(예시)

수신 : ○○ **교육지원청 교육장**

(경유)

제목 수사협조 의뢰(학교폭력대책심의위원회 자료, 진술서(확인서) 등)

1. 귀 기관의 발전을 기원합니다.

2. 관련 근거
   가. 형사소송법 제199조제2항
   나. 개인정보보호법 제18조제2항제7호(범죄의 수사와 공소의 제기 및 유지를 위하여 필요한 경우)

3. 위와 관련, 우리 경찰서에 신고 접수되어 수사 중인 아동 · 청소년의성보호에 관한법률위반(강제추행) 피의사건(사건번호 ○○○○-○○○) 관련하여 다음과 같이 수사협조를 요청합니다.

   가. 대상자 인적사항(총 2명)
   　　○○ 고등학교 ○○○(○○○○○○-○), ○○○(○○○○○○-○)

   나. 요청사항 : 대상자 ○○○사건(사건일 : 2023.11.15.)의 피해학생 및 가해학생의 최초 진술서(확인서)와 학폭위 자료 일체 등

   다. 회신 방법 : 전자 공문, 등기, 인편 등 가능한 수단

   라. 담당자 : ○○경찰서 여성청소년과 여청수사4팀 경사 ○○○(☎ 02-). 끝.

Part 6
학교폭력과 심의위원회

학교폭력대책심의위원회의
역할과 고민

50
심의위원회는 무엇을 하는 곳인가요?

● ●

심의위원회(또는 학폭위)는 학교폭력대책심의위원회를 줄여서 일컫는 말입니다. 학교에 접수된 사안이 학교폭력에 해당하는지 여부를 논의하는 곳이라고 보면 됩니다. 학교폭력으로 인정된다고 판단하면 피해학생과 가해학생에게 어떤 조치를 내릴지를 결정하게 되고, 학교폭력이 아니라고 판단하면 '조치없음'으로 결정하여 양측에게 어떠한 조치도 내려지지 않습니다.

학교폭력예방법이 '피해학생의 보호, 가해학생의 선도 · 교육 및 피해학생과 가해학생 간의 분쟁조정을 통하여 학생의 인권을 보호하고 학생을 건전한 사회 구성원으로 육성함'을 목적으로 제정되었다는 점을 감안한다면, 심의위원회는 공정하고 전문성있는 심의를 하는 것은 물론이거니와 해당 조치가 교육적으로 기능될 수 있도록 신중하게 논의해야 합니다.

2019년 8월에 일부 개정된 학교폭력예방법에 따르면, 현재 학교는 학교폭력 사안을 접수하면 학교폭력 전담기구의 조사를 통해 학교장이 자체적으로 해결할 수 있는지를 심의합니다. 학교 안에서의 자체해결이 불가능한 경우에는 교육지원청에 설치되어 있는 학교폭력대책심의위원회에 심의를 요청하게 되는데, 학교로부터 심의위원회 개최 요청을 받은 교육지원청은 심의위원회를 신속하게 개최하여 해당 사안이 학교폭력에 해당하는지 여부를 판단한 후 피해학생과 가해학생에 대한 조치를 내리고 있습니다. 다만, 최근에는 심의 건수의 증가로 점차 개최까지 소요되는 기간이 길어지고 있으므로, 개최가 되기 전까지 피해학생을 어떻게 보호할 것인지 신중한 고민이 필요해 보입니다.

이럴 땐 이렇게!
심의위원회의 구성

심의위원회의 구성 방법은 다음과 같습니다.

- 교육장은 10인 이상 50인 이내의 위원으로 구성합니다.
- 전체 위원의 1/3 이상은 '학부모'로 위촉해야 합니다.
- 위원의 임기는 2년입니다.

• 아래의 자격을 가진 사람 중 위원을 위촉하거나 임명하게 되는데, 심의위원회는 교육적 기능을 중시한다는 점에서 학생과 학부모, 교육에 대한 이해도가 높은 위원을 위촉할 필요가 있습니다.

 - 해당 교육지원청의 생활지도 업무 담당 국(과)장

 - 교원으로 재직하거나 했던 사람으로서 학폭 또는 생활지도 업무 경력 2년 이상

 - 교육전문직원(장학사, 연구사)으로 재직하거나 했던 사람

 - 해당 교육지원청 관할 구역 내 학교에 소속된 학생의 학부모

 - 판사, 검사, 변호사 및 의사

 - 해당 교육지원청의 관할 구역을 관할하는 경찰서 소속 경찰공무원

 - 학교폭력예방 청소년 보호에 대한 지식과 경험이 풍부한 사람 등

심의위원회의 위원 자격이 상실되는 경우도 있습니다. 예를 들어, 업무 담당 국(과)장이 바뀌는 경우, 자녀가 다른 지역으로 전학을 하거나 졸업을 하여 더 이상 해당 관할 구역 내 학교에 소속되어 있지 않은 학부모의 경우, 다른 교육지원청 관할구역으로 경찰공무원이 전출한 경우 등입니다.

51
심의위원회 참석 안내서를 받은 학부모에게

● ●

학부모가 교육지원청으로부터 참석 안내서를 받았다고 연락이 왔습니다. 이에 학교는 학부모에게 어떤 점을 안내하면 좋을까요?

우선, 참석 안내서를 관련 학생 측에게 보내는 이유를 살펴보겠습니다.

학교폭력예방법에 따르면 "심의위원회는 피·가해학생에 대한 조치를 요청하기 전에 피·가해학생 및 보호자에게 의견 진술의 기회를 부여하는 등 적정한 절차를 거쳐야 한다."라고 되어 있습니다. 바로 관련 학생과 그 보호자의 방어권을 보장하기 위함입니다. 따라서 학교는 학부모에게 참석 안내서에 기재된 내용으로 심의가 이루어질 것이니 그에 관해 의견을 준비하신 후 참석하시라고 말씀드릴 수 있습니다.

관련 학생과 보호자는 회의가 어떤 절차로 진행되는지도 궁금해 할 것이므로 이에 대해 간단히 안내를 하는 것도 좋습니다.

심의위원회가 열리면 관련 학생별로 의견을 듣습니다. 먼저 피해 학생 측을 입장하게 하여 사실을 확인하고 의견을 듣고, 가해학생 측을 입장하게 하여 사실을 확인하고 의견을 듣는 절차를 통상 거치게 됩니다. 이후 관련 자료와 의견을 토대로 사실 관계의 인정 절차를 거치고, 인정된 사실 관계에 대해 학교폭력예방법상의 학교폭력으로 볼 수 있을지 등을 심의하게 됩니다.

그렇다면 학교 측에 심의위원회 개최 안내 공문을 보내는 이유는 무엇일까요?

학교는 이후 심의위원회 결과에 따른 교육장의 조치를 학생이 이행하도록 협조해야 할 의무가 있으므로 개최 사실을 알아야 하는 것은 당연합니다. 또한 심의위원회는 대부분 평일에 개최가 되니 심의에 참석하는 학생의 결석을 출석 인정으로 처리해 주기 위함이기도 합니다.

학교폭력대책심의위원회 참석 안내서(예시)

본 위원회는 「학교폭력예방 및 대책에 관한 법률」 제13조에 의거하여 제 ○회 학교폭력대책심의위원회 회의를 아래와 같이 개최하고자 하오니 참석하여 주시기 바랍니다.

1. 일 시 :   년   월   일(요일)   시

2. 장 소 :

3. 안 건 :

4. 사안 개요

가해(관련)학생	○○중학교	2학년 4반	○○○
피해(관련)학생	○○중학교	2학년 4반	○○○

※ 학교폭력 사안 심의가 있을 경우에만 사안개요 기재
※ 심의대상 사안이 수 개일 경우 모두 기재

　　피해(관련)학생은 위 사안과 관련하여 학교폭력예방법 제13조 제4항에 따라 심의위원회에 전문가의 의견 청취를 요청하실 수 있습니다.

　　※ 전문가 의견 청취를 요청하실 경우 심의위원회 개최일 ○○일 전까지 교육지원청에 '아동심리 전문가 의견 청취 요청 의사 확인서(붙임)'를 제출하여 주시기 바랍니다.

년   월   일

학교폭력대책심의위원회 위원장(직인 생략)

※ 참고사항

1. 문의사항이 있으면 ○○교육지원청 학교폭력대책심의위원회 담당 부서(전화 : 000-0000)로 연락하시기 바랍니다.

2. 출석하실 때는 이 통지서, 신분증 및 기타 참고자료를 지참하시기 바랍니다.

3. 관련 학생 보호자께서는 회의 당일 출석이 어려운 경우 첨부한 서면진술 의견서(별지 양식)를 작성하여 ○○교육(지원)청으로 심의위원회의 전까지 회신하여 주시기 바랍니다.

52
소위원회는 왜 필요할까?

• •

학교폭력과 관련하여 '소위원회'라고 들어보셨나요?

심의위원회를 10명 이상 50명 이내의 위원으로 구성한다고 했는데, 심의할 사건이 많으면 전체 심의위원회에서 매번 심의하는 것이 어렵습니다.

전체 심의위원회를 47명으로 구성한 경우를 가정해 볼까요?

회의 정족수인 과반수가 모이기도 힘들 뿐더러 사건 심의를 위해 스피커가 필요할지도 모릅니다. 따라서 업무의 효율성을 위해 교육지원청은 심의위원회 산하에 여러 개의 작은 위원회를 둘 수 있는데, 이것이 바로 '소위원회'입니다. 여러 개의 소위원회도 가능합니다.

소위원회에서 심의·의결한 것은 전체 심의위원회에서 위임한 것이므로, 재차 심의위원회를 개최하여 추인(사후 동의)하는 절차를 거칠 필요가 없습니다. 다만 보고는 해야 합니다.

교육지원청은 수 개의 소위원회를 구성할 수 있는 만큼, 다양한 성격의 전문성을 갖춘 소위원회를 운영하기도 합니다. 예를 들어 성폭력 사안 담당 소위원회, 초등학교 사안 담당 소위원회 등이 있습니다.

최근에는 초등학교 저학년이 관련된 사안의 경우 학교폭력예방법에서 제외해야 한다는 주장도 많이 나옵니다. 그만큼 초등학교 저학년의 특성을 잘 이해하고 판단할 수 있는 위원들의 역량이 요구되는 실정입니다. 소위원회 구성이나 운영 시 이 점도 고려되어야 할 것으로 보입니다.

전문가 한마디!

분쟁조정과 관계회복 전담의 소위원회 구성

심의위원회는 피해학생과 가해학생 간 분쟁조정을 할 수 있습니다. 학교폭력 사건을 심의위원회에서 다루도록 한 것은 관련 학생들에 대한 조치뿐만 아니라 그들 간의 분쟁을 조정하여 우리 아이들을 건전한 사회 구성원으로 육성하고자 하는 이유도 포함하기 때문입니다.

그런데 현재의 심의위원회는 분쟁조정 역할을 제대로 하지 못하고 있는 실정입니다. 사건이 많아 기계적으로 사건 심의만 한다는 심의위원회가 안타깝기까지 합니다.

모든 심의위원이 관계회복이나 분쟁조정의 전문가일 수는 없을 겁니다. 따라서 하나의 소위원회 정도는 분쟁조정 전문가와 법률 전문가를 추가로 배치하여 분쟁조정과 관계회복을 전담하도록 하면 어떨까 합니다. 현재는 분쟁조정을 해달라고 심의위원회에 요구하면, 관련 전문가가 없거나 사건 심의에 급급하여 외부 기관을 연계하는 실정이라 개선이 필요해 보입니다.

53

심의위원회 위원인데
피해학생이 우리 반 아이예요

• •

심의위원의 반 아이가 피해학생이라면, 아무래도 친분 관계가 있을 수밖에 없습니다. 그렇다면 해당 사건에 대하여 공정한 판단이 가능할까요?

이런 경우, 공정한 심의를 위하여 특정 심의위원을 해당 사건의 심의에서 배제하는 제도가 있습니다. 학교폭력예방법상의 제척, 기피, 회피 제도입니다.

'제척'이란 특정 사유나 관계에 해당하는 경우 심의에 바로 배제되는 것이고, '기피'란 피해학생이나 가해학생 측의 신청에 따라 나머지 위원들의 의결로써 배제되는 것이며, '회피'란 심의위원이 스스로 배제를 결정하는 것이라고 보면 됩니다.

제척이 되는 사유에는 심의위원이나 그 배우자가 해당 사건의
피·가해학생의 보호자인 경우나 친족인 경우, 해당 사건의 피·가
해학생과 친분이 있거나 관련이 있는 경우입니다.

교사 위원인데 맡은 사안의 피해학생이 우리 반 아이라면 피해학
생과 친분이나 관련이 있어 공정한 심의를 기대하기 어렵다고 볼 것
이고 해당 심의에서 배제되는 것이 타당할 것입니다.

알아두세요!
심의위원회 명단 공개는 가능할까?

심의위원회 위원을 기피 신청하겠다면서 심의(소)위원회 명단의
정보공개를 요청하는 경우가 꽤 많습니다. 그럴 경우 명단을 공개해
주어야 할까요?

명단이 공개될 경우 위원들의 솔직하고 자유로운 의견 교환 등이
어려울 수 있습니다. 사생활의 비밀 또는 자유가 침해될 우려가 있
을 수도 있죠. 따라서 교육장은 이를 충분히 검토하여 공개 여부를
결정하게 되고 통상 비공개하고 있습니다. 다음은 이와 관련한 판례
입니다.

~ 위 규정 또는 그 밖의 규정에서 학폭자치위원회로 하여금 가해학
생 및 그 보호자에게 위원 구성을 사전에 고지하도록 정하고 있지는 않

은 점, ~ 설령 그렇지 않았다고 하더라도 적어도 학폭자치위원회에 출석하여서는 위원이 누구인지 파악할 수 있었던 것으로 보이는 점, 원고와 원고의 부친이 참석 당일 위원들을 상대로 기피신청을 하지 않았고, ~ 실제로 위와 같은 제척 사유 또는 기피 사유가 있는 자가 심의 · 의결에 참여한 것으로도 보이지 않는 점 등에 비추어보면, 이 사건 학교의 학폭자치위원회에서 원고에게 제척 · 기피 신청을 할 기회를 부여하지 아니한 절차적인 위법이 있다고 할 수 없다. [서울북부지방법원 2019가합 27677판결]

즉, 심의위원회(구 자치위원회) 위원 구성을 사전에 고지하도록 하는 규정은 없고, 해당 심의위원회 회의에 제척 사유가 있는 위원이 참여한 것이 아닌 한 사전에 위원 명단을 공개하지 않은 것을 절차상 하자로 인정하기는 어렵다는 것입니다.

54
심의위원회에서 피해 측을 배려하는 질문

● ●

학교폭력대책심의위원회 위원으로 활동하며 학교폭력으로 힘들어하는 피해 측이 진술하는 모습을 볼 때 마음이 좋지 않습니다. 질의를 해야 하는 경우 질문을 잘못했다가 피해 측에게 오히려 2차 피해를 주거나 더 큰 상처를 입히지 않을까 걱정도 됩니다.

그렇다면 피해 측을 배려하는 질문은 어떻게 할 수 있을까요?

심의위원회에 참석하는 피해학생은 어떤 마음으로 올까요? 아직 학교폭력의 상처가 치유되지 못한 상태로 힘들고 불안한 마음도 있을 것입니다. 그리고 무슨 이야기를 해야 할지 막막하고 또는 떠올리기 싫은 그때 일을 다시 기억해야 하는 부담감, 혹여라도 가해학생과 마주칠지 모른다는 두려움 등 그 심정은 매우 복잡하고 힘들 것입니다.

안타깝게도 심의위원회에서 상처를 받거나 2차 피해를 입은 학생들의 사례가 증가하고 있기도 합니다. 대수롭지 않다고 생각한 한마디, 사실을 확인한다고 무심결에 던진 질문들이 힘듦을 견디고 있는 피해학생들에게 더 큰 상처로 다가갈 수 있다는 의미입니다.

피해 측을 배려하는 질문은 사소한 말과 행동에서 시작할 수 있습니다. 현재 불안함, 분노, 힘듦, 무기력 등 다양한 상태에 놓여 있다는 것을 이해하고 충분히 그들의 이야기를 들어주며 피해 측의 회복과 치유를 위해 어떤 도움이 필요한지 함께 고민하는 질문들도 도움이 될 것입니다.

이럴 땐 이렇게! 🧰
피해학생 측에게 하는 질문과 대화법

▶ 초기 질문과 대화법

- 지금 자리가 불편하거나 힘들 수 있어요. 조금이라도 힘들면 언제든 이야기해도 괜찮아요.
- 혹시 사안을 떠올리는 게 괜찮을까요? (괜찮다면) 몇 가지 질문을 하려고 해요.
- 혹시 사안을 떠올리는 게 괜찮을까요? (힘들다면) 시간을 조금 가질까요? 힘든 마음 충분히 이해해요. 그래도 용기를 내서 오늘 이 자리에 와줘서 고마워요.

▶ 욕구 탐색을 위한 질문과 대화법

- 상대측이 나에게 어떤 말이나 행동을 하면 학생의 마음이 조금 더 편안해질 것 같나요?
- 현재 이 일이 어떻게 해결되면 좋겠다고 생각해 본 적이 있나요?
- 혹시 누가 어떤 도움을 주면 지금의 힘든 상황이 조금 나아질 수 있을까요? 고민해 봤을 것 같은데 이야기해 줄 수 있을까요?

▶ 마무리 질문과 대화법

- 이 자리까지 오기 마음 편하지 않았을 텐데 이야기해 줘서 고마워요. 여러 위원님들이 충분히 고민해서 심의하겠습니다.

💬 이런 질문은 위험해요!

▶ 피해 측을 믿지 못하는 태도의 질문

- (학생에게) 지금 진술한 내용이 상대측에서 진술한 거랑 다른데…. 누가 거짓말을 하는 건지 모르겠네요. 이게 진짜인가요?
- (학생에게) 학교폭력으로 신고했는데, 지금 힘든 거 맞나요? 지금 보니 괜찮아 보이는데….
- (학부모에게) 아이가 이 학급에 적응을 어려워한다고 하셨어요. 그렇다면 학교폭력으로 신고를 하신 이유가 아이의 학급 교체를 원해서 하신 건가요?

▶ **피해학생에게 문제가 있다고 판단하는 질문**

- (학생에게) 평소 친구들이 말을 걸거나 장난치는 걸 잘 못 받아들이나요? 평소 자신의 행동에 대해서 어떻게 생각해요?
- (학부모에게) 학교폭력 피해로 신고하신 것이 이번이 처음이 아니네요. 아이가 좀 예민한가요? 아이의 평소 친구 관계는 어떤가요?

55

심의위원회에서 가해 측의 반성을 확인하는 질문

• •

가해 측 학생이 자신의 행동을 인정하지 않는 모습을 볼 때면 심의위원으로서 마음이 좋지 않습니다. 간혹 반성했다고 하지만 진심인지 아닌지 마음을 알 수 없는 가해 측도 있는 것 같습니다. 그렇다면가해 측의 반성을 확인하는 질문은 무엇이 있을까요?

심의위원회에 참석하는 가해 측 학생과 학부모들도 여러 복잡한심경으로 그 자리에 올 것입니다. 잘못을 인정하면 더 큰 처벌을 받게 될지 모른다는 불안감, 일을 신속하게 마무리하기 위해 형식적으로 잘못을 인정해 버리고 싶은 마음, 또는 피해 측에게 진심으로 미안하고 사과하고 싶지만 방법을 몰라 혼란스러운 마음 등 가해 측 심정또한 매우 복잡하고 힘듭니다.

가해 측이 자신의 행동에 대해 진심으로 반성하고 있는지 확인하는 질문을 하기 전에 먼저 중요한 것은 비록 가해 행동을 했을지라도 한 사람으로서 존중하고 낙인하지 않는 심의위원의 마음입니다. 가해학생이 재가해를 하지 않도록 돕고자 하는 의지가 있고 한 사람으로서 존중하고 있다는 마음을 전달하여 신뢰를 형성한 후 객관적으로 사안을 파악하고 적절한 선도 조치를 결정하는 것이 궁극적으로 가해학생을 돕는 방법이 될 수 있을 것입니다.

자신의 행동에 대한 반성이 궁극적으로 가해학생 자신의 건강한 미래를 위해 반드시 필요하다는 점을 알 수 있도록 다가가는 것도 중요합니다.

이럴 땐 이렇게! 🧰
가해학생 측에게 하는 질문과 대화법

▶ 사실 확인을 위한 질문
- 심의위원회에 참석하기까지 여러가지 마음이 들었을 거예요. 지금 마음 상태가 어떤가요? 혹시 하고 싶은 이야기가 있나요?
- 발생한 일에 대하여 몇 가지 사실을 확인해야 해요. 혹시 불편할 수도 있어서 미리 양해를 구해요. 하지만 사실대로 말해 주면 고마울 것 같아요.
- 어떤 상황이었는지 구체적으로 이야기해 줄 수 있나요?

▶ 반성 확인을 위한 질문

• 지금 이 상황으로 피해를 입은 상대측이 어떤 감정을 느끼거나 상황에 놓였는지 많은 생각을 했을 것 같아요. 어떤 생각을 했는지 이야기해 줄 수 있을까요?

• 현재 상대 학생과 관계는 어떤가요? 상대 학생과 관계가 어떻게 변하고 싶은지 이야기해 줄 수 있나요?

• (피해학생에게 사과하고 싶다고 하는 경우) 상대 학생과 관계가 지금보다 좀 더 나아지기 위해 어떤 노력을 했는지 이야기해 줄 수 있나요?

• (화해를 했다고 하는 경우) 상대 학생에게 어떻게 미안한 마음을 전했고 상대 학생의 반응은 어땠는지 이야기해 줄 수 있나요?

▶ 욕구 탐색 & 문제해결을 위한 질문

• 현재 이 일이 어떻게 해결되면 좋겠다고 생각해 본 적이 있나요?

• 혹시 누가 어떤 도움을 주면 지금의 상황이 조금 나아질 수 있을까요? 고민해 봤을 것 같은데 이야기해 줄 수 있을까요?

• 이 자리에 오기까지 마음이 편하지 않았을 텐데 이야기해 줘서 고마워요. 여기 위원님들이 충분히 상의해서 심의할게요. 수고 많았어요.

💬 이런 질문은 위험해요!

▶ 가해 측을 훈계하거나 낙인찍는 태도의 질문

• (학생에게) 이런 가해 행동 한번 더 하면 어떻게 되는지 알죠? 가해자로 낙인 찍혀 어두운 삶을 살게 될 수 있어요! 계속 이렇게 살 건가요?

• (학부모에게) 어떻게 이런 가해 행동을 할 수 있죠? 가정에서 아이를 어떻게 지도하셨길래 아이가 이런 행동을 하는지…. 정말 답답하네요.

▶ 가해학생에게 문제가 있다고 판단해서 하는 질문

• (학생에게) 이전에도 화가 나면 누구를 때려본 적이 있나요?

• (학생에게) 평소 친구들에게 위협적인 말과 행동을 자주 하고 다니죠? 왠지 그럴 것 같은데…. 덩치도 큰 걸 보니 학급 친구들이 모두 가해학생을 두려워 할 것 같네요.

• (학부모에게) 아이가 이전에도 가해를 한 경험이 많나요? 평소에도 아이가 폭력적인 행동을 자주 하나 보죠?

• (학부모에게) 이번 행동을 보니 아이가 문제가 많네요. 평소 분노 조절을 못 하거나 충동을 참지 못할 수도 있을 것 같은데 어떤가요? 가정에서도 이런 행동을 보일 것 같은데…. 맞죠?

56
피해학생 보호조치에는 무엇이 있나요?

● ●

학교폭력대책심의위원회에서 학교폭력으로 인정이 되면 피해학생은 하나 이상의 보호조치를 받을 수 있습니다.

첫 번째는 '학내외 전문가에 의한 심리상담'(제1호)입니다. 학교폭력으로 정신적 피해를 입은 경우 학교 Wee클래스 전문상담(교)사나 외부의 심리상담 전문가로부터 상담을 받을 수 있도록 하는 조치입니다.

두 번째는 '일시보호'(제2호)입니다. 피해학생의 심신이 안정될 수 있도록 일시적으로 집이나 학교 상담실 등에서 보호를 받을 수 있도록 하는 조치입니다.

세 번째는 '치료 및 치료를 위한 요양'(제3호)입니다. 피해학생이 입은 신체적·정신적 피해의 치유를 위하여 병원 등에서 치료를 받고 요양할 수 있도록 하는 조치입니다.

이외에 피해학생이 원하는 경우 피해학생을 다른 학급으로 소속을 옮겨주는 조치인 '학급교체'(제4호)도 있습니다. 또한 '그 밖에 피해학생의 보호를 위하여 필요한 조치'(제6호)도 있는데, 피해학생을 위해 법률적·의료적 지원 방안을 알아보고 연계해 주는 등의 노력이 여기에 포함될 수 있습니다. 이는 피해학생에 대한 조치로써 가해학생에게 행하는 조치는 아닙니다. 가해학생의 학원을 옮기게 한다거나 학급을 교체시킨다거나 하는 등의 조치는 아니라는 것이지요.

심의위원회가 피해학생에게 어떤 조치를 할지는 학교가 제출한 서류뿐만 아니라 회의에 참석한 관련 학생 및 보호자의 의견을 청취한 후 적절한 조치를 고민하여 결정하게 됩니다.

Q&A

피해학생 보호조치와 추가적인 보호

Q 상담을 받거나 치료를 받느라 학교에 못 오는 기간이라 하더라도 출석으로 처리할 수 있나요?

A 가능합니다. 이를 위하여 학교장은 피해학생 측에게 진단서, 치료확인서, 상담기록 등을 요구할 수 있습니다.

Q 상담을 받거나 치료를 받는 데 사용된 비용을 가해학생 보호자로부터 받을 수 있나요?

A 받을 수 있습니다. 신속한 치료를 위해 학교안전공제회의 선지급도 가능합니다. 심리상담 조치(제1호)의 경우에는 치료 조치(제3호)와 달리 교육감이 지정한 기관에서 받은 심리상담 비용만 학교안전공제회 선지급이 가능하다는 점도 알아두세요. 상담비용 등 치료비 문제에 대해 문의하시는 학부모님께 학교는 법령과 지침상의 내용을 간략히 설명해 드리고, 보상 범위나 기간 등 구체적인 사항은 학교안전공제회에 직접 상담하실 수 있도록 안내하는 것이 바람직하겠습니다.

57
피해학생 보호조치는 무조건 내려야 할까?

●●

학교폭력 피해를 입은 학생들이 더 이상 피해를 입지 않고 다시금 안전한 환경에서 생활을 할 수 있도록 모두의 노력이 필요합니다. 이것이 최우선적으로 고려되어야 할 사항임은 분명하죠. 다만 이것이 학교폭력대책심의위원회에서 피해학생 보호조치가 무조건 내려져야 한다는 것을 의미하지는 않습니다.

학교폭력이 발생하여 한참이 흘러 모두 치유가 된 상황이라 더 이상 상담이나 치료 등의 보호가 필요치 않은 경우도 있고, 사안의 경중과 피해 정도를 보았을 때 공식적인 보호조치가 필요하지 않은 경우도 있을 겁니다. 간혹은 피해학생 측이 정말로 원하지 않는 경우도 있습니다.

하지만 학교폭력예방법에 따른 보호조치가 내려지면 이를 근거로 출석인정이라든지, 성적처리에서 불이익 방지, 피해로 인한 비용 지급의 의무 등 추가적인 보호가 가능합니다. 따라서 심의위원회는 합당한 정도의 보호조치인지, 추후 분쟁의 대상이 될 수 있는 보호조치임에도 내려야 할지에 대해 충분히 고민할 필요가 있겠습니다.

알아두세요!

아동심리전문가 의견청취제도

조치를 결정하는 중요한 요소인 '심각성'은 무엇일까요?

피해학생이 느끼는 주관적 피해의 정도만으로 심각성을 판단할 수는 없을 겁니다. 무엇보다 중요한 것은 사안 자체가 갖는 심각성, 그리고 폭력 행위와 피해학생이 호소하는 피해와의 인과 관계가 어느 정도 유관한지입니다.

객관적으로 아주 작은 사건으로 보이고, 상담이나 치료 등 보호조치까지는 필요해 보이지 않는데도 피해학생은 큰 정신적 피해를 주장하는 경우가 있습니다. 이럴 때는 '아동심리전문가 의견청취 제도'를 활용해 볼 수 있습니다. 아동심리전문가 의견청취 제도는 심의의 전문성 제고를 위해 심의 과정에서 피해학생의 심리적 원인을 분석하여 적절한 조치를 내릴 수 있도록 피해학생의 심리 상태와 관련하여 전문가 의견을 청취하는 제도를 말합니다.

심의위원회는 아동심리와 관련된 전문가를 심의위원회에 출석하게 하거나 서면 등의 방법으로 의견을 청취할 수 있고, 피해학생 측 의사를 확인하여 요청이 있는 경우에는 반드시 그 의견을 청취해야 합니다. 피해학생이 상담이나 치료 등을 받은 바 있다면 해당 전문가나 전문의의 의견을 청취하는 것도 가능합니다.

알아두세요! 📖

학교안전공제회의 상담·치료비 지원

피해학생이 심리상담이나 치료를 받은 경우 비용이 발생하는데요, 그 비용은 가해학생 보호자가 부담하는 것이 원칙입니다. 다만, 신속한 상담이나 치료를 위하여 학교안전공제회가 해당 비용을 선지급하고 가해학생 보호자에게 상환청구를 합니다. 이때 피해학생 보호조치에 따른 상담 비용이나 치료 비용 등에 대한 청구 절차와 지원 범위 및 기간 등은 다음과 같습니다.

▶ **학교폭력 피해 치료비 청구 절차(시·도별 확인)**
1단계 학교폭력사고발생 확인서 작성 및 공제회 통보(학교)
2단계 학교폭력 피해 치료비 청구서 작성(학교 또는 학부모)
3단계 구비서류 공제회 우편 발송(학교 또는 학부모)

▶ 종류별 지원 범위 및 기간

종류	지원 범위	치료 기간
심리상담 및 조언	교육감이 정한 전문심리상담기관에서 심리상담 및 조언을 받는 데 드는 비용	2년
일시보호	교육감이 정한 장소에서 일시보호를 받는 데 드는 비용	30일
치료 및 치료를 위한 요양	의료법에 따라 개설된 의료기관, 지역보건법에 따라 설치된 보건소·보건의료원 및 보건지소, 농어촌 등 보건의료를 위한 특별조치법에 따라 설치된 보건진료소, 약사법에 따라 등록된 약국 및 같은 법 제91조에 따라 설립된 한국희귀의약품센터에서 치료 및 치료를 위한 요양을 받거나 의약품을 공급받는 데 드는 비용	2년

▶ 지원기간 연장

추가적인 심리상담, 치료 등을 위해 학교폭력 피해학생 및 보호자가 요청하는 경우 「학교안전법」 제58조 제1항에 따른 학교안전공제보상심사위원회의 심의를 거쳐 1년의 범위에서 상담 및 치료기간 연장 가능

▶ 학교폭력 피해 치료비 청구시 제출 서류

종류	공통 서류	제출 서류
심리상담 및 조언	• 학교폭력피해 치료비 등 청구서 • 청구인 통장사본	• 학교폭력 관련 기관장의 의뢰 확인서 • 치료기관의 청구서 및 영수증 등 • 주민등록 등본
일시보호	• 학교폭력피해 치료비 등 청구서 • 청구인 통장사본	• 심의위원회의 요청서 사본 또는 학교장의 확인서 • 일시보호기관의 청구서 및 영수증 등
치료 및 치료를 위한 요양	• 학교폭력피해 치료비 등 청구서 • 청구인 통장사본	• 요양급여의 내용을 쓴 의사의 증명서 • 요양급여 청구서 및 영수증 등 • 주민등록 등본

※ 추후 학교폭력 사실 확인을 위해 추가 서류를 보완 요청할 수 있음

– 출처 : 학교안전공제중앙회

학교폭력, 교육을 만나다

58
피해학생이 전학을 가고 싶어 해요

• •

피해학생의 보호자가 새로운 환경에서 아이의 적응을 돕고 싶다며 피해학생의 전학을 원합니다. 이사를 갈 상황은 아니라고 하는데 이사 없이 전학이 가능할까요?

새로운 환경에서 새롭게 출발하고 싶은 마음, 안전한 공간에서 생활하고 싶은 피해학생의 마음은 충분히 이해가 됩니다. 그렇다면 보호조치로 피해학생에게 전학을 내릴 수 있을까요?

그렇지 않습니다. 학교폭력예방법상 피해학생에 대한 전학 조치는 없기 때문입니다. 그러나 「초·중등교육법 시행령」 제21조, 제73조, 제89조에 근거해서 학교장의 교육 환경 변화를 위한 전학을 고려해 볼 수 있습니다.

이에 따르면, 학교폭력 피해학생의 전학이 필요한 경우에 학교장은 의견서를 작성하여 관할 교육장에게 송부하게 되고, 관할 교육장은 동 의견서를 검토한 후 전학 여부를 결정하게 됩니다. 따라서 원한다면 학교폭력 피해로 인하여 전학을 가고 싶다는 마음을 학교에 알려 논의를 해볼 필요가 있습니다. 이사 없이 전학이 가능할 수 있으니까요. 이는 시·도교육청마다 관련 지침이 다를 수 있으니 사전 확인이 꼭 필요합니다.

다만, 성폭력방지법에 따르면 성폭력 피해자가 학생인 경우 학교장은 피해학생이 다른 학교로 전학할 수 있도록 추천해야 하고, 교육장 또는 교육감은 전학할 학교를 지정하여 배정하여야 하며 이때 배정된 학교장은 피해자의 전학을 거부할 수 없습니다.

이럴 땐 이렇게! ➕
가해학생의 전학 조치이행

학교생활기록부 기재요령 및 학교폭력 사안처리 가이드북에 따르면, 학교폭력 가해학생은 사안이 접수된 때로부터 심의위원회의 조치 확정 후 그 이행이 완료될 때까지 원칙적으로 학적 변동(전학, 자퇴 등)이 제한됩니다. 즉, 학교폭력 가해 관련 학생은 학교폭력 사안처리가 완료될 때까지 사실상 전학이 불가하다는 것입니다.

전학을 가게 되면 사실 관계를 확인하는 데 어려움이 발생하고, 사안처리가 제대로 이루어지지 않을 가능성도 있으므로 사안이 완료된

후에 전학을 가라는 것입니다. 그런데 정말 불가피한 사유로 조치 이행을 못 하고 전학을 가야 하는 경우도 있습니다. 가령, 가해학생 가족이 이미 먼 지역으로 이사를 갔다거나 하는 등입니다. 한편, 가해학생이 제8호(전학) 조치를 받은 경우에는 병과된 다른 조치를 이행하지 않았어도 즉시 조치를 집행해야 하는데요, 이때 학교에서는 무엇을 할 수 있을까요?

학교장은 가해학생이 조치 사항을 미이행한 상태에서 전출하거나 상급 학교에 진학한 경우, 전입교와 상급 학교에 미이행 조치 사항을 알려 협조를 요청해야 합니다. 또한 가해학생이 전출 시에 학교폭력 조치 사항 관련 대장을 전입교에 송부해야 한다는 사실도 잊으면 안 됩니다.

59
가해학생 선도조치에는 무엇이 있나요?

● ●

학교폭력대책심의위원회에서 학교폭력으로 인정이 되면 가해학생을 선도·교육하기 위한 조치를 내려야 합니다. 학교폭력예방법에 규정된 종류 이외의 조치는 내릴 수 없는데요. 그렇다면 학교폭력예방법이 정하고 있는 가해학생 조치에는 무엇이 있을까요?

피해학생에게 서면으로 사과하라는 조치(제1호)를 내릴 수 있습니다. 피해학생에게 접촉하거나 협박 및 보복 행위를 금지시키는 조치(제2호)를 내리기도 하고, 교내에서 봉사활동을 통해 반성의 기회를 주는 학교에서의 봉사 조치(제3호)도 있습니다. 여기까지는 비교적 경미한 사안일 때 내리는 조치입니다.

학교 밖 공공기관 등에서 봉사를 명하는 사회봉사 조치(제4호), 그리고 특별교육을 이수하거나 심리치료를 받도록 하는 조치(제5호)도

가능합니다.

수업에 출석하지 못하도록 하는 '출석정지 조치'(제6호)도 있습니다. 출석정지 기간 동안 가해학생을 피해학생과 격리시켜 피해학생을 보호하는 조치입니다.

가해학생을 다른 학급으로 옮기는 학급 교체(제7호), 다른 학교로 소속을 옮기도록 하는 전학조치(제8호)도 있는데, 이는 출석이나 학적과 관련된 무거운 조치에 해당하며 자주 내려지지는 않습니다.

마지막으로 가장 무거운 조치로 학적을 소멸시키는 퇴학처분(제9호)이 있습니다. 하지만 이는 의무교육 대상자인 초등학생이나 중학생, 그리고 특수교육 대상자에게는 내릴 수 없습니다.

알아두세요!
수 개의 조치를 병과하는 것은 가능한가?

한 심의위원이 심의위원회의 간사에게 질문을 합니다.

"아무리 잘못했다 하더라도 하나의 사건으로 가해학생에게 여러 개의 조치를 병과하는 것은 학습의 자유 등 학생의 권리를 지나치게 제한하는 것이 아닐까요?"

"가해학생에게 수 개의 조치를 병과할 수 있도록 한 학교폭력예방법은 합헌" [헌법재판소 2019. 4. 11. 2017헌바140 · 141(병합)]

본 판결문에서 헌법재판소는 '학교폭력예방법은 학교폭력의 당사자가 청소년이라는 점을 감안하여 교육적 차원을 고려할 수 있게 함으로써 다른 폭력 사안과는 다르게 다루어질 수 있는 여지를 열어주고, 피해학생은 물론 가해학생의 건전한 인격 형성을 방해하는 요소를 차단하며, 이를 위한 법제를 정비하고 정책을 실시하여야 하는 국가적 책무를 명확히 하기 위하여 입법된 것'이라고 보면서 '이에 학교폭력사안 징계조치 조항은 가해학생에 대하여 수 개의 단계별 조치를 병과할 수 있도록 함으로써 개개의 학교폭력 사안마다 적정한 수준의 조치를 취하여 피해학생의 보호 및 가해학생의 선도·교육을 도모할 수 있도록 하고 있는 바 입법 목적은 정당하고 수단의 적절성 또한 인정된다'고 보았습니다.

또한 '학교폭력이 피해학생에 미치는 영향에 비추어볼 때 학교폭력에 대한 사후 조치는 피해학생의 보호가 우선적으로 고려되어야 하고, 피해학생의 상태·성향 및 학교폭력의 심각성 등에 따라 구체적이고 탄력적인 대응이 필요하다'고 하면서 '가해학생에 대한 각 조치는 그 취지와 목적을 달리하고 있으므로 이 사건 징계조치 조항에서 구체적 사정에 따라 수 개의 조치를 병과하는 것은 피해학생의 보호, 가해학생의 선도·교육을 위하여 바람직하다'고 보았습니다. 즉, 이 사건 징계조치 조항은 침해의 최소성 원칙에도 위반되지 아니한다고 판단하였습니다.

60

가해학생 조치는 어떤 기준으로 내려지나요?

● ●

심의위원회는 학교폭력에 해당한다고 판단하면 가해학생에 대한 조치를 결정하게 됩니다. 학생들의 마음과 행동을 꿰뚫어보는 관심법으로 조치를 결정할 수 있다면 좋겠지만, 현실은 그렇지 못합니다.

심의위원회는 학교에서 조사하여 제출한 자료와 관련 학생 및 보호자들이 심의위원회에 참석하여 진술한 내용 및 사안의 개별적인 특성을 바탕으로 '학교폭력 가해학생 조치별 적용 세부 기준'에 따라 점수를 판정하고 조치를 결정합니다.

먼저, 기본 판단 요소(심각성, 지속성, 고의성, 반성 정도, 화해 정도 각 4점 만점)에 따라 위원들이 협의하여 점수를 판정하게 됩니다. 여기에서 중요한 점은 가해학생의 반성 정도와 화해 여부가 조치를 정하는 데 영향을 준다는 것입니다. 즉, 반성하고 화해가 되면 보다 경미한

학교폭력 가해학생 조치별 적용 세부 기준(교육부 고시)

			기본 판단 요소					부가적 판단요소	
			학교폭력의 심각성	학교폭력의 지속성	학교폭력의 고의성	가해학생의 반성 정도	화해 정도	해당 조치로 인한 가해학생의 선도 가능성	피해학생이 장애 학생인지 여부
판정 점수		4점	매우 높음	매우 높음	매우 높음	없음	없음	해당 점수에 따른 조치에도 불구하고 가해학생의 선도 가능성 및 피해학생의 보호를 고려하여 시행령 제14조 제5항에 따라 학교폭력대책심의위원회 출석위원 과반수의 찬성으로 가해학생에 대한 조치를 가중 또는 경감할 수 있음	피해학생이 장애 학생인 경우 가해학생에 대한 조치를 가중할 수 있음
		3점	높음	높음	높음	낮음	낮음		
		2점	보통	보통	보통	보통	보통		
		1점	낮음	낮음	낮음	높음	높음		
		0점	없음	없음	없음	매우 높음	매우 높음		
가해학생에 대한 조치	교내선도	1호 피해학생에 대한 서면사과	1~3점						
		2호 피해학생 및 신고·고발 학생에 대한 접촉, 협박 및 보복행위의 금지	피해학생 및 신고·고발학생의 보호에 필요하다고 심의위원회가 의결할 경우						
		3호 학교에서의 봉사	4~6점						
	외부기관연계선도	4호 사회봉사	7~9점						
		5호 학내외 전문가에 의한 특별 교육이수 또는 심리치료	가해학생 선도·교육에 필요하다고 심의위원회가 의결할 경우						
	교육환경변화 / 교내	6호 출석정지	10~12점						
		7호 학급교체	13~15점						
	교육환경변화 / 교외	8호 전학	16~20점						
		9호 퇴학처분	16~20점						

※ 해당 조치로 인한 가해학생의 선도 가능성을 판단할 때 해당 학교급(초,중,고) 내에서 학교폭력 재발 여부를 고려할 수 있음.

학교폭력, 교육을 만나다

조치가, 반성하지 않고 화해도 되지 않았다면 생각보다 중한 조치가 나올 수 있습니다.

5가지 기본 판단 요소가 있으니 최대 20점이 되는데, 판정점수를 합산하여 가해학생 조치를 확인합니다.

다음으로는 제2호와 제5호 조치를 추가로 부과할지 여부를 협의하고, 지금까지 정해진 조치로 가해학생 선도와 피해학생 보호가 충분한지를 고려하여 조치를 가중하거나 경감할 수 있습니다. 마지막으로 피해학생이 장애학생인 경우 조치를 가중할 수도 있죠.

관계회복의 중요성은 앞서 설명한 바 있습니다. 가해학생의 조치를 결정하는 기준에 '반성 정도'와 '화해 정도'가 포함되어 있음을 안내하여, 스스로 관계회복의 노력을 할 수 있도록 해보면 어떨까요?

61

서면사과 조치는
양심의 자유를 제한하는 것일까요?

● ●

심의위원회 박위원장은 자신의 잘못을 인정하지 않는 가해학생에게 다른 조치에 병과하여 서면사과 조치를 내려야 할지 고민입니다. 가해 사실을 부인하는 아이에게 사과하도록 조치하는 것이 선도 효과가 있을지 의문이고, 무엇보다 가해학생의 양심의 자유나 인격권을 침해하거나 제한하는 게 아닐까 고민이 되기도 합니다.

이 쟁점에 대해서는 다음과 같은 판례가 있습니다.

~ 학교폭력의 가해학생과 피해학생은 모두 학교라는 동일한 공간에서 생활하므로, 가해학생의 반성과 사과 없이는 피해학생의 진정한 피해 회복과 학교폭력의 재발 방지를 기대하기 어렵다.

서면사과 조치는 단순히 의사에 반한 사과 명령의 강제나 강요가 아니라, 학교폭력 이후 피해학생의 피해 회복과 정상적인 교우 관계 회복을 위한 특별한 교육적 조치로 볼 수 있다. 가해학생은 서면사과를 통해 자신의 잘못된 행위에 대하여 책임을 지는 방법과 피해학생의 피해를 회복하는 방법을 배우고, 이를 통해 건전한 사회 구성원으로 성장해 나갈 수 있다. **[헌법재판소 2023. 2. 23. 2019헌바93등]**

위 판례를 보면 서면사과 조치는 특별한 교육적 조치로서 가해학생의 양심의 자유와 인격권을 침해하는 것은 아니라고 본 것으로 이해할 수 있습니다.

전문가 한마디!

서면사과 조치의 양면성

서면사과 조치는 학교폭력으로 인정되는 경우 내리는 조치입니다. 심의위원회에 관련 학생 및 보호자들을 참석시켜 의견을 충분히 들어보고 학교폭력으로 인정되는 경우 내려지는 가장 경미한 조치입니다. 사과의 내용까지 강제하는 것은 아니고, 서면사과를 이행하지 않아도 학교폭력예방법 제17조 제11항에 따른 추가 조치는 불가합니다.

한편, 가해학생은 이행 기간 내에 서면사과 조치를 이행하지 않는 경우 학교생활기록부에 조치 사항이 기재되기 때문에, 이를 막기 위하여 의무감에 대충 적은 서면사과 편지를 건네기도 하는데 이 경우 양측의 갈등이 더 심화되기도 합니다. 피해학생 측에게 가해학생 조치를 상향해 달라는 불복을 제기하게 만드는 원인을 제공하는 셈이지요. 그렇다고 해당 학교폭력을 인정하지 않는 가해학생 입장에서는 구구절절 미안하다는 편지를 쓰기도 어려울 것입니다.

그렇다면, 서면사과 조치가 양심의 자유를 제한한다고 쉽게 말할 수는 없을 듯한데, 여러분의 생각은 어떠신가요?

가해학생의 서면사과 조치이행을 보호자에게 안내할 때 아래 내용을 참고해 보세요.

가해학생 조치 제1호(서면사과)의 이행 기간은 2023.11.20.(월)까지입니다. 학생의 서면사과를 2023.11.20.(월) 11:00까지 제출해 주시기 바랍니다. 학교에서 확인 후 피해학생 측에 전달하도록 하겠습니다. 서면사과는 학생 자필로 가능한 진심 어린 사과의 마음을 담아 작성될 수 있도록 지도 협조해 주시면 감사하겠습니다.

62
쪼개기 신고와 조치 결정

● ●

연진이 동은을 오늘도 괴롭히고, 내일도 괴롭히고, 내일모레도 괴롭힙니다. 견디다 못한 동은이 연진을 학교폭력으로 신고합니다. 본인이 받은 학교폭력을 쪼개서 하나하나 다른 날에 신고하기로 합니다. 오늘은 때린 것만, 내일은 욕한 것만, 모레는 따돌린 행위를요.

그렇다면, 연진은 가해학생 조치를 여러 차례 나누어 받게 되는 것일까요?

그건 아닙니다. 심의위원회는 배당된 사안에 대하여 병합 또는 분리하여 심의할 수 있기 때문입니다. 심의위원회는 연진이 동은을 괴롭힌 사건들을 모두 병합하여 한 번에 조치를 내리게 될 수 있습니다.

사안의 병합이 피해학생에게 불리한 것만은 아닙니다. 사안의 심각성이나 고의성, 지속성 등의 정도가 높다고 판단하여 가해학생에

231

대한 조치의 수위가 높아질 수 있기 때문이지요. 한편, 피해학생이 다르지만 가해학생이 동일한 경우에도 사건을 병합하여 심의가 이루어질 수 있습니다.

현장 인터뷰 🎤 ────

변성숙 변호사 실제 쪼개기 신고를 경험해 보셨나요?

책임교사 그럼요. 이전의 해묵은 사안까지 낱낱이 신고하는 경우가 많습니다. 선전포고 같은 거죠. 내가 가지고 있는 패가 10가지나 된다? 뭐 이런 식으로요.

변성숙 변호사 쪼개기 신고를 하는 이유가 무엇일까요?

책임교사 서로 감정 싸움이 더해지면서 추가 사안을 캐내는 거죠. 아이들 보다 학부모 간 갈등이 더 심각합니다. 최근에는 가해학생 분리 기간을 연장하기 위하여 쪼개서 신고하는 분들도 있습니다.

변성숙 변호사 그래서 분리제도에서도 지침이 변경된 것으로 아는데요.

책임교사 네, 그나마 다행입니다. 신고 이후 분리가 된 상태에서 동일 가해학생에 대하여 최초 신고 이전 사안에 대하여 추가적으로 신고한다 하더라도 추가적인 분리는 하지 않아도 된다는 지침이 생겼더라고요. 그러나 여전히 갈등의 소지가 많습니다.

변성숙 변호사 어떤 걸까요?

책임교사 피해학생들이 동일 가해학생에 대하여 나누어 신고하는 경우죠. 신고 시기를 달리하면 추가로 분리를 할 수밖에 없거든요. 이 부분도 개정이 필요해 보입니다.

변성숙 변호사 이렇게 신고된 건들이 모두 학교폭력으로 인정되는 것은 아닐 텐데요.

책임교사 맞습니다. 증거가 불충분하다는 이유로 '조치없음'으로 처리되는 경우가 있더라고요. 최근에는 '학교생활 중 발생한 일상적 갈등' 정도로 보여진다는 이유로 학교폭력 아님 결정이 나오기도 합니다.

변성숙 변호사 신고되었던 학생 측의 반발도 꽤 있겠네요.

책임교사 네, 무고죄로 처벌해 달라고 하시는 학부모님들도 계세요. 저도 궁금한데요, 조치없음으로 처리되는 경우 신고학생 측의 행위를 무고죄로 처벌할 수 있을까요?

변성숙 변호사 인정되기 어렵습니다. 무고죄는 타인으로 하여금 형사처분 또는 징계처분을 받게 할 목적으로 공무원에 대하여 허위의 사실을 신고함으로써 성립하는 범죄이기 때문이죠.

책임교사 상대 학생의 징계가 아닌 본인 보호조치를 위하여 신고하는 경우도 있을 텐데요.

변성숙 변호사 그렇습니다. 무고로 인정되기 위해서는 징계처분을 받게 할 목적으로 신고한 사실도 확인되어야 하고, 신고 내용

233

이 객관적 진실에 반하는 허위사실이어야 하고, 또 그것을 알면서도 고의적으로 신고한 경우여야 하는데요. 대부분의 경우는 학교폭력으로 오인하여 신고하는 것이지 없는 사실을 전부 꾸며서 신고하는 경우는 거의 없습니다. 따라서 인정되기 쉽지 않은 것이죠.

63
졸업식 이후 발생한 사안에 대한 처리는?

● ●

"졸업식까지 끝냈는데, 학교폭력이라니요?!"

졸업식 당일 학생들 간 말다툼이 발생하였고, 이를 발단으로 신체폭력까지 발생하였습니다. 그중 크게 다친 한 학생이 피해신고를 하자 상대측 학생 부모님이 쌍방인데 무슨 말이냐며 항의를 하고 본인도 신고를 하겠다고 합니다.

하지만 졸업식이 끝났다고 해서 그 학교 학생이 아닌 것은 아닙니다. 학교의 학년도는 다음 해 2월 말일까지니까요. 졸업식이 끝난 후 발생하거나 신고된 사안에 대하여 사안처리를 할 수 없다고 하면 학교폭력예방법 적용의 사각지대가 발생하게 됩니다.

더욱이 지금 학교폭력 사안처리가 되지 않는다면 고등학교에 진학해서 사안처리가 진행될 것이고, 만약 학교폭력으로 인정되어 가해학생 조치가 내려지면 고등학교 학교생활기록부에 기재됩니다. 상대적으로 더 큰 불이익을 받는 상황이 올 수 있습니다.

따라서 학교에서는 이러한 점을 설명하고, 신속하게 사안처리가 이루어져 아이들이 조치를 받게 되면 이를 모두 이행하고 상급 학교 진학할 수 있도록 독려하셔야 합니다. 이행하지 않은 조치는 상급 학교에 이행 협조를 구해야 합니다. 새로운 출발을 앞두고 학교폭력 사실이 알려지길 원하는 학부모는 없을 테니 이 점도 잊지 않고 설명할 필요가 있습니다.

전문가 한마디!
학년 말 사안처리의 고민

학년 말 사안을 처리할 때 학교만큼 교육지원청의 고민도 커지곤 합니다. 상급 학교 진학을 앞둔 가해학생의 경우에는 적절한 선도 조치를 결정하는 데 있어 고려할 점이 더 있으니까요.

- 수업일수가 남아 있지 않다면 출석정지 조치가 어떤 의미가 있는지?
- 졸업식이 끝난 상황에서 학교 내 봉사나 사회봉사, 특별교육이수 등을 얼마나 교육적으로 운영할 수 있을지?
- 학급 교체 조치나 전학 조치가 나온 경우 이행이 가능한 것인지?

대다수의 하급심 판례에서는 졸업을 하고 나면 더 이상 조치이행이 불가능하다는 입장이지만, 교육부의 해석은 다릅니다. 상급 학교에 진학한다 하더라도 피해학생 보호와 가해학생 선도 및 교육을 위하여 조치이행이 되어야 할 필요가 분명히 있다고 보기 때문이죠.

Part 7

학교폭력의 마무리

학교폭력, 어떻게 작별할 것인가

64

가해학생 조치는 언제까지 이행해야 하나요?

• •

가해학생에 대한 조치를 내릴 때는 조치의 기간을 정해야 합니다.

제2호 조치부터 제6호 조치의 경우 해당 조치를 얼마나(며칠, 또는 몇 시간) 이행해야 하는지 정해야 한다는 뜻입니다. 이때 제3호(학교에서의 봉사), 제4호(사회봉사), 제5호(특별교육이수 또는 심리치료) 조치는 시간 단위로 내리고, 제6호(출석정지) 조치는 일 단위로 내리면 됩니다. 이때 조치 기간의 상한이 있는 것은 아닙니다.

헌법재판소도 출석정지 기간의 상한을 두지 않은 것은 피해학생에게 심각한 피해와 지속적인 영향을 미칠 수 있는 학교폭력에 구체적 · 탄력적으로 대처하기 위한 것으로 가해학생의 학습 자유를 침해하지 않는다고 판단하였습니다. [2019. 4. 11. 2017헌바140 · 141(병합)]

비슷한 개념으로 '조치이행 기간'도 있습니다.

제1호부터 제3호 조치의 경우인데, 언제까지 조치의 이행을 완료해야 하는지를 정해야 한다는 것입니다. 피해학생 보호, 가해학생 선도, 학사일정 등을 종합적으로 고려하여 조치이행을 완료해야 하는 기간을 정하는데, 이때 정해진 기간 내에 이행을 완료하고 다른 사건으로 가해학생 조치를 받지 않는다면 제1호부터 제3호 조치의 생활기록부 기재는 유보됩니다.

제4호부터 제9호 조치까지는 조치이행 기간을 정할 필요가 없습니다. 이행 여부와 관계없이 즉시 학교생활기록부에 기재되기 때문입니다.

조치이행 개시 기한

막상 조치가 내리지고 나면, 정작 필요한 것이 '조치이행 개시 기한'이 아닐까 합니다. 제4호부터 제9호까지는 조치이행 기간을 정하지 않는데, 그렇다 보니 신속한 조치이행이 이루어지지 않는 경우가 종종 발생하게 됩니다. 교원지위법을 살펴보면, 학생이 받은 조치의 종류에 따라 7일~14일로 이행 개시 기한을 정해 놓은 것을 확인할 수 있습니다.

교원지위법 시행령

제11조(교육활동 침해 학생에 대한 조치 등)

② 고등학교 이하 각급학교의 장은 법 제18조 제1항 각 호의 어느 하나에 해당하는 조치를 할 때에는 다음 각 호의 기간 이내에 해야 한다. 다만, 부득이한 사유가 있는 경우에는 그 기간을 7일의 범위에서 1회 연장할 수 있다.

1. 법 제18조 제1항 제1호부터 제5호까지의 규정에 따른 조치의 경우: 법 제19조 제2항에 따른 학교교권보호위원회의 심의가 끝난 날부터 7일 이내

2. 법 제18조 제1항 제6호에 따른 조치의 경우: 같은 조 제2항에 따라 해당 학생이 특별교육을 이수하거나 심리치료를 받은 날부터 14일 이내

3. 법 제18조 제1항 제7호에 따른 조치의 경우: 법 제19조 제2항에 따른 학교교권보호위원회의 심의가 끝난 날부터 14일 이내

　　피해학생 보호와 가해학생 선도의 실효성을 위해서 신속한 조치의 집행이 필요하다는 점을 고려한다면, 학교폭력에도 이를 적용할 필요가 있어 보입니다. 다만, 2023년 9월 1일부터 학교폭력으로 받은 제8호 전학조치의 경우 학교장은 7일 이내에 교육(지원)청으로 배정을 요청하도록 하는 지침이 생겼음을 기억해야 합니다.

65

행정심판과 행정소송이 궁금해요

● ●

　학부모들께서 행정심판과 행정소송의 차이가 무엇인지를 묻는 경우가 종종 있습니다. 꼭 변호사를 선임해야 하는 것인지도 궁금해합니다. 교사 입장에서는 행정심판위원회에 직접 질의하라고 말씀드리거나 변호사 사무실에 가서서 상담을 받아보시라 말씀드릴 수도 있겠으나 성의 없는 답변인 것 같아 꺼려지는 것도 사실입니다.

　통상 행정심판을 진행한 후 행정소송으로 나아가지만, 행정심판을 먼저 제기해야 하는 것이 법률상 의무는 아닙니다.

　변호사 없이 "나 홀로 심판이나 소송"을 제기할 수 있는 것은 분명합니다. 하지만 6개월 이상 시간이 걸리고 절차도 까다로운 소송의 경우라면 변호사를 선임하는 것이 일반적입니다.

　행정심판은 교육청 내 행정심판위원회에서 진행되고 필요한 경우 다른 조치로 변경도 합니다. 즉, "8호 전학 조치를 7호 학급 교체 조치로 변경한다."가 가능합니다. 이에 비해 행정소송은 법원에서 진행되는데, 조치가 과하다고 판단되어도 "8호 전학 조치를 취소한다."고 할 수 있을 뿐 다른 조치로 변경하는 것은 불가합니다. 이 경우 심의위원회가 다시 개최되어 (8호 조치가 아닌) 다른 조치를 내려야 합니다.

행정심판과 행정소송 모두 조치결정 통보서를 받은 날로부터 90일 이내에 제기하는 것이 원칙이라는 점은 다르지 않습니다.

행정심판과 행정소송의 차이

구분	행정심판	행정소송
관할	행정심판위원회	법원
적극변경	가능	불가
제기기간	취소심판 : 안 날 90일, 있은 날 180일	취소소송 : 안 날 90일, 있은 날 1년
심리절차	서면심리(원칙)	구술심리
비용	무료	패소한 측이 소송비용(변호사 보수 포함) 부담

Q&A —————

학부모들이 불복 진행에 있어 오해를 하는 경우가 많습니다.

Q 불복을 진행하기 위해서는 변호사 선임이 필수인가요?
A 아닙니다. 변호사 선임 없이 가능은 합니다만, 조금 어려울 수는
있습니다. 소송은 직접 하시더라도 충분한 상담을 받고 진행하
시는 것이 좋습니다.

Q 불복 진행시 학교생활기록부 기재를 늦출 수 있나요?
A 아닙니다. 불복 여부와 무관하게 즉시 기재되어야 합니다.

Q 심판이나 소송에서 가해학생 조치가 취소되면 끝나는 것인가요?
A 아닙니다. 조치가 과하다는 이유로 조치가 취소된 경우 심의위
원회가 재개최되어 그보다 낮은 조치가 내려집니다. 제1호~제3
호 조치라면 경우에 따라 학교생활기록부에 기재가 유보되지만,
그 외의 조치가 내려진 경우라면 학교생활기록부에 기재되는 것
이지요.

Q 불복을 진행하면 조치가 바뀔 확률이 높은가요?
A 아닙니다. 인용률(조치가 취소되거나 변경될 가능성)은 10% 내외

정도에 불과합니다. 물론 행정심판인지, 행정소송인지에 따라 지역에 따라 다를 수는 있습니다.

Q 90일까지는 조치 집행을 안 하나요?
A 아닙니다. 90일 이내에 취소를 구하는 행정심판과 소송을 제기할 수 있다는 것일 뿐 가해학생 조치는 즉시 집행됩니다.

66
가해학생 조치를 받은 운동부 학생의 대회 참가 여부

• •

학교 운동부에 소속된 학생선수가 있습니다. 군기를 잡는다며 후배선수를 때린 사건으로 학교폭력대책심의위원회 심의를 앞두고 있는데, 조만간 중요한 시합을 앞두고 있는 터라 학생도, 보호자도, 코치 선생님도 걱정이 태산입니다.

학생 선수로서 가해학생 조치를 받게 되면 대회 참가에 불이익이 발생할까요?

2021년 2월 교육부·문체부 및 관계 기관에서는 '학교운동부 폭력근절 및 스포츠 인권보호 체계개선방안'을 발표했습니다. 이에 따라 학생 선수가 학교폭력 가해학생으로 조치를 받게 되면, 조치에 따라 대회 참가 제한을 하도록 안내한 바 있습니다.

즉, 가해학생 조치 결과를 사전에 확인하여 다음과 같이 대회에 참가하는 것을 제한하게 됩니다. 또한 퇴학 처분을 받은 경우에는 5년이나 10년간 등록 자체가 제한됩니다. 학생선수에 대한 학교폭력 예방교육의 중요성이 더욱 커진 이유라 하겠습니다.

조치 결과	대회(경기) 참가 제한 기간
• 1호(서면사과) • 2호(접촉·협박·보복행위금지) • 3호(교내봉사)	**3개월**
• 4호(사회봉사) • 5호(특별교육이수 또는 심리치료) • 6호(출석정지) • 7호(학급교체)	**6개월**
• 8호(전학)	**12개월**
• 9호(퇴학)	퇴학 사유가, 1) 강간, 유사강간 및 이에 준하는 성폭력인 경우 : **10년** 2) 그 외의 경우(성추행, 성희롱, 폭력 등) : **5년** ※ 퇴학의 경우 동 기간 선수등록 제한 병행

이럴 땐 이렇게! 🧰
학생선수가 행정심판이나 소송을 제기할 경우

▶ **조치에 불복하여 행정심판(소송)을 한 경우**
학교폭력대책심의위원회 조치를 받은 날로부터 대회 참가를 제한하며 행정심판 청구를 하더라도 대회 참가 제한은 유효합니다. 단, 행정심판위원회에 집행정지를 신청하여 집행 정지가 결정되면 대회 참가 제한 집행을 유보할 수 있습니다.

▶ 대회기간 중 대회 참가 제한 기간이 종료될 경우

대회참가 제한 기간 종료 이후에는 대회 참가가 가능합니다. 예를 들어, 대회 기간이 23.11.20~11.25일 때, 대회 출전 제한 기간이 11월 22일에 종료된다면 11월 23일 경기부터 참가가 가능합니다.

행정심판이나 행정소송을 제기했다는 이유만으로 대회 참가가 가능해지는 것은 아닙니다. 대회 기간 이전에 조치의 집행을 정지한다는 결정이 있다면 대회 참가가 가능해지는 것이지요.

행정심판위원회나 법원의 집행정지 인용률이 높다는 비판이 종종 들려옵니다. 학생 선수의 경우 대회 참가까지 제한된다는 점을 더하여 살펴본다면 집행정지를 인용할지에 대하여 신중하게 고민할 필요가 있어 보입니다.

67
조치 결정에 불만인 학부모에게
불복 절차 안내하기

● ●

학교장 자체해결이 되지 않은 학교폭력 사안에 대하여 교육지원청으로 심의위원회 개최 요청을 했습니다.

2개월이 다 되어가는 시점에(교육부는 심의위원회 개최 요청을 받으면 4주 이내에 심의위원회를 개최하도록 안내하고 있으나, 학교폭력 심의 건수의 증가로 제대로 지켜지지 못하고 있음) 교육지원청에서 공문으로 조치 결정 통보서를 보내왔는데, 확인해 보니 학부모들도 조치 결정 통보서를 등기로 받으셨다고 합니다.

조치결정 통보서를 받고 만족하는 학부모는 극히 드뭅니다. 우리 아이의 피해 사실에 대하여, 우리 아이의 가해 사실에 대하여 성적표를 받는 기분이라고 말씀하시기도 합니다. 그만큼 만족할 만한 조치라는 건 매우 힘들다는 거지요.

학부모께는 우선 결정된 조치 사항에 대하여 신속하고 충실하게 이행시킬 것을 말씀드려야 합니다. 조치라는 것은 피해학생을 보호할 뿐만 아니라 가해학생을 선도하고 교육하기 위하여 신중하게 심의된 결과니까요. 그리고 조치별 이행 기간과 내용, 방법에 대해 차분히 설명하고 조치이행 계획을 세워 진행하면 조치이행이 훨씬 원활할 수 있습니다.

그럼에도 불구하고 조치 결정에 대해 이의를 제기하고자 하는 학부모에게는 조치 결정 통보서의 불복 절차를 참고하여 행정심판과 행정소송을 제기할 수 있음을 안내할 수 있습니다. 관련 학생 학부모 입장에서는 조치 결정 통보서를 꼼꼼하게 읽고 이에 대하여 이의가 있는 경우 행정심판이나 행정소송으로 다툴 수 있습니다.

전문가 한마디!
불복 건수가 증가하는 이유

"전학 조치를 내려주세요." (피해학생 측)
"우리 아이가 그럴 리 없어요." (가해학생 측)

점차 조치 결정에 따른 불복 건수가 증가하는 추세입니다. 피해학생 학부모들은 가해학생에게 출석정지, 학급교체, 전학조치 등의 중징계가 내려지기를 원하는 경우가 대부분입니다. 크지 않은 사안이

더라도 이는 마찬가지입니다.

그렇다면 이유가 무엇일까요?

결정된 조치들이 실질적으로 피해학생들을 보호하고 가해학생을 선도하여 재발을 막고 반성할 수 있도록 하는 힘이 부족하기 때문은 아닐까요? 피 · 가해학생에 대한 조치가 실효성이 있는지 점검할 필요성이 있어 보입니다.

불복절차 건수 증가세

(단위 : 건수)

구분	가해학생				피해학생	
	행정심판 청구	행정소송 청구	행정심판 집행정지 신청	행정소송 집행정지 신청	행정심판 청구	행정소송 청구
2020	478	109	273	73	175	5
2021	731	201	441	112	392	25
2022	868	265	504	145	447	34

– 출처 : 세계일보(2023.03.26.)

68

피해학생 측이 가해학생 조치에 대하여 불복을 진행할 경우

● ●

피해학생 부모님이 가해학생 조치에 대하여 다투고 싶다고 합니다. 전학 조치를 바라셨는데, 출석정지 조치가 나왔기 때문입니다. 가능한 걸까요?

일단 학교는 어떤 이유로 불복을 하려는지 확인하고, 학부모님에게 자녀의 마음을 충분히 헤아리고 불복할지 여부를 결정하는 것이 아이의 회복에 도움될 수 있다는 점을 안내할 필요가 있습니다.

학교폭력예방법은 피해학생 또는 그 보호자는 교육장이 내린 가해학생 선도 조치와 피해학생 보호 조치에 대하여 행정심판을 청구할 수 있다고 규정(제17조의2 제1항)하고 있습니다. 즉, 피해학생 측이 가해학생 조치에 대하여 다툴 수 있는 길을 열어둔 것이지요. 행정소송에 대하여는 별다른 규정을 두고 있지 않으나, 실무상 동일하게 해석하고 있습니다.

　이는 본인 조치에 대하여 다른 사람의 불복을 허용하는 셈인데, 가해학생 본인의 입장에서는 억울할 수도 있습니다. 내가 모르는 사이에 출석정지 조치가 전학 조치로 바뀌는 일이니까요. 그렇다면 가해학생 측에게 피해학생 측이 불복을 청구한 사실 등을 통지하여 방어권을 행사할 수 있도록 해야 할 필요가 있습니다.

알아두세요!
제3자 심판청구

　조치를 받은 가해학생이 본인 조치에 대하여 다투는 경우가 아니고, 제3자인 피해학생이 가해학생 조치를 다투는 경우를 '제3자 심판청구'라고 합니다. 이 경우 교육장은 가해학생 측에게 피해학생 측의 심판청구서 사본을 송달함과 동시에 해당 심판에 이해관계인으로서 참가할 수 있음을 안내합니다. 참가를 하게 되면 피해학생 측과 동일하게 위원회에 관련 의견 등을 제출할 수 있게 됩니다. 한편, 가해학생이 본인이 받은 조치에 대하여 행정심판이나 행정소송을 제기한 경우에도 교육장은 불복이 제기된 사실과 심판(소송)에 참가하여 의견 제기가 가능한 사실을 피해학생 측에게 안내해야 합니다.

69

가해학생 측이 불복을 진행하면
조치를 이행시킬 수 없나요?

● ●

조치 결정 통보서를 받은 가해학생 측 어머니가 학교에 전화를 걸어 말씀하십니다.

"소송 제기할 겁니다. 우리 애 학급 교체 하지 마세요!!"

이런 경우 학교에서는 어떻게 해야 할까요?

행정소송을 통해 가해학생 조치를 다툴 수 있는 것은 분명합니다. 다만, 행정심판과 소송이 청구되었다 하더라도 조치의 집행이 당연하게 정지되는 것은 아닙니다. 더욱이 가해학생 조치는 피해학생 보호를 위한 것이기도 하니까요.

조치의 집행을 정지시키기 위해서는 집행정지 신청을 행정심판위원회나 법원에 해야 합니다. 집행정지 신청을 했다고 하여 즉각적으로 결정이 나오는 것은 아니고, 통상 1주~3주는 시간이 걸립니다. 그런데 현장에서는 이 기간이 종종 문제가 되곤 합니다. 행정심판위원회나 법원이 집행을 정지하라는 결정 통보가 있기 전이므로 학교장은 원칙대로 가해학생 조치를 이행시킬 수 있는데, 가해학생 학부모의 민원이 워낙 강하게 제기되면 조치를 이행시키기가 어려워집니다. 실제 이런 이유로 학교가 집행정지결정이 나올 때까지 조치이행을 유보해 주는 경우도 종종 있습니다.

다만 최근 지침의 개정으로, 피해학생 보호가 우선시 되어야 하는 전학 조치의 경우에는 병과된 다른 조치나 부가된 특별교육이 이행되지 않았다 하더라도 즉시 집행이 이루어져야 한다는 내용이 추가되었다는 점을 기억해 주세요.

현장 인터뷰 🎤 ────

변성숙 변호사 학교에서 집행정지와 관련한 민원을 받아보신 적이 있으신가요?

책임교사 네, 가해학생 측 변호사가 내용증명을 보냈더라구요. 행정소송 진행할 거니깐 조치를 집행하지 말라고요.

변성숙 변호사 그때 가장 어려웠던 점은 무엇인가요?

책임교사 교육청에 질의했더니, 집행하는 게 원칙인데 학교장 재량으로 유보할지 검토할 수는 있다고…. 학교장에게 선택권을 주는 것인데 학교와 담당자에게 책임이 전가된다는 생각이 들고 부담이 큽니다.

변성숙 변호사 그렇다면, 어떻게 해야 할 것인지 교육부 지침으로 나가면 도움이 될 수 있겠군요?

책임교사 그렇죠. 조치이행이 원칙이니 집행정지와 상관없이 조치를 집행해야 한다는 지침을 내려주면 학교는 그대로 진행하면 되니까요.

변성숙 변호사 집행정지와 관련하여 학교생활기록부 민원도 있는 것으로 아는데요.

책임교사 집행정지나 효력정지 결정을 받으면 가해학생 학부모님이 기재된 조치사항을 삭제해 달라고 하십니다. 안 된다고 말씀드리지만 왜 안 되냐고 막무가내로 화를 내시는데…. 학부모님이 수긍할 수 있도록 근거 자료를 교육청에서 제공해 주었으면 좋겠어요.

70

가해학생 조치는
무조건 학교생활기록부에 기재되나요?

• •

　가해학생으로 조치라도 받게 되면 학교생활기록부에 무조건 기재
될 테니, 맞학폭 신고라도 해보자는 식의 대응을 심심치 않게 볼 수
있습니다. 그러나 실제로는 가해학생이 어떤 조치를 받았는지에 따
라 기재 여부와 방식에 차이가 있습니다.

　「초・중등교육법 시행규칙」 제21조 및 학교생활기록부 기재요령
에 따르면, 학교폭력 가해학생에 대한 조치 사항은 교육장의 조치 결
정 즉시 학교생활기록부에 기재하도록 되어 있습니다.

　다만, 가해학생이 받은 제1호부터 제3호까지의 조치는 이행 기간
내에 이행을 완료한 경우에 학교생활기록부 기재가 유보됩니다. 그
러나 동일 학교급에 재학하는 동안(초등학생인 경우는 그 조치를 받은 날
부터 3년 이내의 범위에서 동일 학교급에 재학하는 동안) 다른 학교폭력 사

안으로 조치를 받으면 유보되어 있던 조치까지 모두 포함하여 기재해야 합니다.

경미한 학교폭력이라면 조치 사항의 기재 유보가 가능합니다. 따라서 맞학폭이 아닌 관계회복의 노력으로 대응하는 것이 현명할 수 있습니다.

이럴 땐 이렇게! 🧰
가해학생 조치 사항의 생활기록부 기재

- 가해학생이 받은 조치를 확인합니다. 교육지원청에서 시행한 공문을 통해 확인 가능합니다.
- 제1호~제3호 조치인 경우, 가해학생 조치 사항 관리대장 및 가해학생 조치 조건부 기재 유보 관리대장을 통해 몇 번째 받은 조치인지를 확인합니다.
- 첫 번째 받은 제1호~제3호 조치라면, 이행기간 내에 이행이 완료되었는지에 따라 학교생활기록부 기재 여부를 판단합니다. 기간 내 이행했다면 기재 유보, 기간 내 이행하지 않았다면 이행기간이 끝난 다음 날 기재합니다. 이행기간 이후에 이행했다 하더라도 학교생활기록부에는 기재됩니다.
- 첫 번째 받은 제1호~제3호 조치가 아니라면 즉시 학교생활기록부에 기재합니다. 이때 이전에 유보되어 있던 조치까지 함께 기

재가 되어야 합니다.

- 제4호~제9호 조치는 교육지원청의 공문을 받은 즉시 학교생활기록부에 기재합니다.
- 유예 학생에게도 가해학생 조치가 가능합니다. 유예 처리 후 당해 학년도에 조치를 받은 경우 학적 반영을 취소한 후 조치 사항을 입력합니다. 다만 유예 처리 후 그다음 학년도에 조치를 받게 되는 경우에는 정정대장을 통해 입력해야 합니다.

(예시)학교폭력 관련 조치를 받은 경우(미인정 결석 처리 : 제6호)

학년	수업일수	결석일수			지각			조퇴			결과			특기사항
		질병	미인정	기타	질병	미인정	기타	질병	미인정	기타	질병	미인정	기타	
3														개근
4		1			1									
5			5									1		학교폭력예방 및 대책에 관한 법률 제17조 제1항 제6호에 따른 출석정지 조치 5일 (23.10.13). 같은 법 제17조 제1항 제5호에 따른 특별교육이수 조치 10시간

71
불복을 진행하면 생기부 기재는 유보하나요?

• •

행정심판이나 행정소송을 제기한 측에서 가장 궁금해 하는 부분 중 하나가 바로 가해학생 조치의 학교생활기록부 기재 유보와 관련된 내용입니다.

"판결날 때까지 가해학생 조치사항은 기재되지 않는 것이지요?"

실상은 학교생활기록부 기재가 그대로 진행됩니다. 가해학생 조치의 학교생활기록부 기재와 유보는 「초·중등교육법 시행규칙」과 학교생활기록부 기재요령(교육부)에 근거한 별도의 절차이기 때문입니다.

행정심판과 행정소송이 진행되어도 가해학생 조치 사항은 학교생활기록부에 즉시 기재되어야 하고, 집행(효력) 정지 결정이 있어도 마찬가지입니다. 다만 제1호~제3호 조치의 경우에는 차이가 있는데,

조치이행 기간 내에 집행정지 결정이 나온다면, 조치 미이행 상태라
도 기재가 유보될 수 있습니다.

 학교폭력 가해학생이 학교폭력예방법 제17조 제1항 제1호부터 제3
호까지의 조치를 받고, 이행기간 만료 이전에 집행정지(효력정지) 인용
결정을 받고 조치를 미이행했을 경우, 집행정지 기간 동안 조치이행 의
무가 정지된 점을 고려하여 학교생활기록부 기재를 보류한다. 다만, 본
안에 대한 심리결과 청구가 기각된 경우 법률 제17조 제1항 제1호부터
제3호 조치를 집행정지(효력정지) 결정 당시 남은 이행기간 내에 조치를
이행했는지 여부에 따라 동 조치사항에 대한 학교생활기록부의 기재
여부를 결정한다.

– 출처 : 학교폭력 사안처리 가이드북(2023, 교육부)

현장 인터뷰 🎤 ─────────

변성숙 변호사 학부모님들께서 불복을 제기하면 생기부 기재가
안 된다고 생각하는 경우가 실제로 많이 있나요?
교감선생님 대부분의 학부모님들이 기재가 안 된다고 생각하세요.
변성숙 변호사 그럼 학교에서는 어떻게 안내를 하시나요?
교감선생님 추후에 행정심판이나 소송으로 조치가 취소되거나 변

경되는 경우에 그때 수정한다고 말씀드립니다. 진급하여 재결이나 판결이 나와도 조치결정일은 변경하지 않고 조치만 수정한다고요.

변성숙 변호사 제1호부터 제3호 조치는 집행정지 결정이 의미가 있는데요?

교감선생님 그렇죠. 그런데 이행기간이 넉넉하지 않은 경우가 많아서요. 기간 내에 집행정지 결정이 나오는 게 쉽지는 않습니다.

변성숙 변호사 집행정지 결정이 신속하게 나올 필요가 있겠군요?

교감선생님 맞습니다. 그리고 이행기간 만료일에 임박해서 집행정지 신청을 하시는 분들이 많으십니다. 교육청에서 조치 결정을 통지할 때 이에 대해 안내를 해주면 좋겠습니다.

변성숙 변호사 마지막으로, 학교생활기록부에 가해학생 조치사항을 기재하는 것에 대하여는 어떻게 생각하시나요? 학교폭력 예방과 재발 방지 차원에서 분명 효과가 있을 것으로 보이는데요.

교감선생님 아직은 미숙하고 한창 변화와 성장 과정을 겪고 있는 학생들에게 부정적인 낙인효과를 유발할 수 있다는 점, 피해학생의 회복이 전제되지 않고 가해학생의 반성과 긍정적 행동 변화는 고려하지 않은 채 상급학교 입시전형에 무조건 불이익을 주는 점, 그리고 이로 인한 소송과 분쟁이 심각하다는 점에서 학교폭력예방법의 취지와 목적에 얼마나 부합하는지 보다 충분한 논의가 필요하다고 생각합니다.

생기부에 기재된 가해학생 조치사항의 삭제 시기

가해학생 조치사항 기록을 학교생활기록부에 몇 년 동안 보존할지에 대해 국민적 관심이 커지고 있습니다. 보존기간 연장에 대해 초·중등교육법 시행규칙 개정을 또 앞두고 있는데, 아직 개정 및 시행 전이니 현재의 상황을 살펴보기로 하겠습니다.

최근 「초·중등교육법 시행규칙」 개정에 따라, 2023. 2. 28. 이전에 신고되어 받은 조치와 2023. 3. 1. 이후 신고되어 받은 조치의 삭제 시기가 달라지게 되었습니다.

2023. 2. 28. 이전에 신고되어 받은 조치
제1호~제3호, 제7호의 조치사항은 가해학생의 졸업과 동시에 삭제되고, 제4호~제6호, 제8호의 조치사항은 가해학생이 졸업한 날로부터 2년이 지난 후에 삭제하되, 전담기구 심의를 거쳐 졸업과 동시에 삭제 가능합니다.

2023. 3. 1. 이후에 신고되어 받은 조치
제1호~제3호의 조치사항은 가해학생의 졸업과 동시 삭제되고, 제4호~제8호의 조치사항은 가해학생이 졸업한 날로부터 2년이 지난 후에 삭제하되, 이 중 제4호~제7호의 조치사항은 전담기구 심의를 거쳐 졸업과 동시에 삭제 가능합니다.

즉, 제7호와 제8호의 경우에는 언제 신고되어 받은 조치인지에 따라 삭제 시기와 방법이 달라질 수 있다는 점을 기억해야겠습니다.

72
비공개로 진행되는 심의위원회 회의

● ●

법정 드라마를 보면 피해자, 피고인의 가족, 기자들이 방청석에서 재판을 방청하는 모습을 볼 수 있습니다. 그렇다면 학교폭력대책심의위원회는 어떨까요?

심의위원회 회의 전체를 방청하거나, 적어도 피해학생 측이 가해학생 측의 발언은 볼 수 있게 해야 한다는 주장도 있습니다. 그러나 심의위원회 회의는 '학교폭력대책심의위원회 회의는 공개하지 아니한다'는 학교폭력예방법의 규정에 따라 비공개로 운영 중입니다. 즉, 방청은 허용되지 않습니다.

다만 심의위원회는 회의록을 만들어서 보존해야 할 의무가 있습니다. 언제 회의가 진행되었고, 누가 참석했으며, 어떤 발언이 오갔는지, 회의 결과는 무엇인지 등이 기록된 문서가 만들어지는 것이지요.

추후 피 · 가해학생이나 그 보호자가 심의위원회 회의록의 공개를 요청하는 경우에는 공개를 해야 합니다.

물론 관련 학생이나 심의위원의 이름 등 개인정보에 관한 사항은 제외됩니다. 공개를 요청한 본인의 이름도 포함해서요.

가해학생 조치를 취소해 달라며 행정심판이나 행정소송이 늘어나고 있는데, 많은 학부모들이 심의위원회 회의록을 읽어본 후 불복을 제기할지 여부를 결정합니다. 따라서 심의위원회는 회의록이 공개될 수 있다는 점을 생각하고 심의과정, 질문 등과 회의록 작성에 신중을 기해야 할 것입니다.

학교폭력대책심의위원회 회의록(예시)

1. 일　시 :　　　년　월　일(요일) 시　분

2. 장　소 :

3. 심의위원 :

4. 학생/보호자 :

5. 참 고 인 :

6. 회　순
1) 개회
2) 심의위원회 개요 안내 – 목적, 진행 절차, 주의사항 전달, 참석자 소개
3) 사안보고
4) 피해학생 측 확인 및 질의응답
5) 가해학생 측 확인 및 질의응답
6) 피해학생 보호조치, 가해학생 선도 · 교육 조치 논의 및 결정
7) 폐회

7. 정족수 확인 및 개회 알림

8. 안건 상정

9. 제척, 기피 및 회피 안내

10. 사안 보고

11. 피해 관련 학생 측 사실확인, 의견 진술, 질의응답
- 기피신청과 유의사항 안내
- 사안설명
- 사실여부 확인(발언의 요지만 기재 가능)
○ 위원장 : ~을 했는지 여부를 질문
○ 乙학생 :
○ OOO 위원:
○ 乙학생 보호자:

12. 가해 관련 학생 측 사실확인, 의견 진술, 질의응답
- 기피신청과 유의사항 안내
- 사안설명
- 사실여부 확인(발언의 요지만 기재 가능)
○ 위원장 :
○ 甲학생 :
○ OOO 위원 :
○ 甲학생 보호자 :

13. 학교폭력 여부 심의 및 긴급조치 보고

14. 피해학생 보호조치 논의

15. 가해학생 선도조치 및 긴급조치 추인

○ 위원장 : 확정된 사실관계를 바탕으로 가해학생 조치별 적용 세부 기준을 참고하여
의견 제시 요청
"먼저 기본 판단요소 중 '학교폭력의 심각성'에 대하여 협의하도록 하겠습니다. 위원님
들께서는 '학교폭력의 심각성' 정도에 대한 점수와 이유를 말씀해 주시기 바랍니다."

○ 위원들 :
- '학교폭력의 심각성'에 대한 협의(위원들 협의 결과 ~~한 점을 고려하여 만장일치로 심각성 매우 높음(4점) 결정)
- '학교폭력의 지속성'에 대한 협의(지속성에 대한 협의 결과 ~~한 점을 고려하여 높음(3점) 의견 3명, ~~한 점을 고려하여 보통(2점) 의견 5명으로 보통(2점)으로 결정)
- '학교폭력의 고의성'에 대한 협의
- '가해학생의 반성 정도'에 대한 협의
- '화해 정도'에 대한 협의

16. 조치사항 및 표결내용

피해학생	조치사항	표결내용
○ ○ ○	제16조 제1항 제1호 심리상담 및 조언	만장일치

가해학생	조치사항		표결내용
○ ○ ○	제17조 제1항	제1호 서면사과(이행기간 :) 제6호 출석정지 10일	찬성 (7) 반대 (2)
	제17조 제3항 및 제9항 특별교육	학생 5시간, 보호자 5시간	

학교폭력대책심의위원회

73
학교폭력 피해학생의 회복과 치유를 위한 노력

● ●

학교폭력에서 가장 안타깝고 마음이 아픈 경우는 가장 중요한 피해학생의 회복이나 치유가 배제되고 어른들의 시각과 감정으로 사안을 끌고 가는 모습을 볼 때입니다.

학교폭력은 피해학생의 몸과 마음은 물론, 일상, 학교 모든 생활과 미래까지 심각한 트라우마를 남길 수 있습니다. 실제 폭력 피해를 당한 많은 아이들은 우울, 불안, 공황, 대인기피, 발작, 공포, 불면증, 악몽, 각종 신체화 등 고통을 받고 있으며, 심한 경우에는 환청, 환시, 자살충동 등에 시달리기도 합니다.

피해를 당한 학생들은 어른들이 생각하지 못한 신체적, 심리적, 정신적 어려움을 복합적으로 겪게 됩니다. 따라서 학교폭력 피해로 어려움을 겪는 아이의 치유와 회복, 일상 복귀를 위해서는 신체, 심리 ·

정서 상태, 현재 상황과 특성, 필요한 지원 등 다양한 상황을 충분히 고려한 통합적 맞춤형 지원이 필요합니다. 이는 폭력으로 인한 어려움을 이겨내고 일상으로 잘 회복하도록 돕는 데 중요한 부분이기에 꼭 기억해 주시길 바랍니다.

현장 인터뷰 🎤 ————————

담임교사 우리 반에 학교폭력 피해로 치료를 받은 후 오랜만에 등교하는 학생이 있습니다. 아이가 학교생활에 적응은 잘 할지, 혹시 힘듦이 있는데 혼자 참지 않을지 등 염려가 큽니다. 학교폭력으로 힘든 경험을 한 아이의 회복을 위해 교사가 어떤 도움을 줄 수 있을까요?

최희영 학교폭력 전문가 선생님이 피해학생의 회복을 위해 고민하시는 모습이 너무 좋습니다. 학교폭력 피해 후 오랜만에 등교하는 아이의 마음은 어떨까요? 친구들이 날 어떻게 볼지 궁금하기도 하고 불안하기도 할 것입니다. 그리고 가해아이를 마주할 생각에 두려움이 클 수도 있지요. 이때 학교에서 아이에게 가장 든든한 버팀목이 되어주는 것은 담임 선생님입니다.

담임교사 맞아요. 아이에게 큰 힘이 되어주고 싶어요. 아이가 또다시 학교폭력으로 힘든 상황이 생기면 안 되니까요.

최희영 학교폭력 전문가 우선 할 수 있는 것은 아이에게 어떤 도움이 필요한지 물어보는 것입니다. "선생님이 무엇을 함께하면(도와주면) 너에게 도움이 될까?"라고 물으며 아이가 원하고 필요한 도움을 확인하는 것도 좋은 방법이 될 수 있습니다.

담임교사 아이에게는 어떤 것을 더 지도할 수 있을까요?

최희영 학교폭력 전문가 만약 유사 상황이 발생한다면 보호자나 선생님에게 즉각적 도움을 요청하도록 지도할 필요가 있습니다. 더 나아가 지속적인 관찰을 통해 이상 징후를 탐색하거나 필요시 심리상담을 연계하는 것도 도움될 수 있습니다. 단, 무리한 강요는 역효과를 낼 수 있다는 점도 기억하세요.

74
가해학생 선도와 재발 방지를 위한 노력

● ●

학교폭력 가해학생은 조치를 받고 다시 일상이나 학교생활로 복귀할 때 어떤 마음을 가지고 있을까요?

가해학생의 경우 피해학생을 마주칠 때 어떻게 행동해야 관계가 나아질지에 대한 고민, 혹은 좋은 의도로 다가간 행동이 보복이나 재발에 대한 오해로 이어지면 어쩌나 하는 불안감을 호소하기도 합니다. 또한 피해학생 이외에 다른 친구 및 교사가 자신을 낙인찍고 비난할까 염려를 표현하는 경우도 있습니다.

가해학생들도 자신의 행동과 그에 따른 결과, 피해 측의 상태를 보며 어려움을 겪을 수도 있습니다. 가해를 한 아이에게는 사안 종결 이후 재발되지 않도록 돕고 옳은 방향으로 살아갈 수 있도록 지도하는 것이 무엇보다 중요한 일입니다.

최근 이슈가 된 연예인이나 공인들의 사례를 통해 알 수 있듯이 가해 행동으로 인해 피해자가 평생을 고통 속에서 살아야 한다면 그것은 피해학생은 물론 가해 행동을 한 학생에게도 평생의 짐이 될 것입니다. 비록 현재는 가해 행동을 했지만 보다 자신의 행동을 뉘우치고 건강하게 성장할 아이를 위해 교사와 학교는 무엇보다 중심을 잡아야 할 것입니다.

이럴 땐 이렇게!
가해학생이 학교에 돌아오면

우선 학생이 가해 행동을 반복하고 있지 않은지, 심의위원회의 조치를 잘 이행하고 있는지 등 지속적으로 관찰하는 과정이 필요합니다. 그리고 만약 가해 행동이 반복된다면 원인을 탐색하여 재발을 막기 위한 접근을 하는 과정이 필요할 수 있습니다.

자신의 행동에 대한 인정과 반성을 바탕으로 피해학생에게 진심으로 사과하는 과정이 중요한데, 자신의 행동에 대한 진심어린 미안한 마음이 피해 측에 닿는다면 원만한 해결은 물론 반성을 통해 가해학생의 행동 또한 재발되지 않을 수 있다는 점을 교육하는 것이 필요합니다.

또한 가해 행동 후 학교에 복귀한 아이가 일상으로 돌아와 잘 적응하기 위해 교사로서 어떤 이야기를 해주고 싶은지 고민하고 실행하는 것도 아이에게 큰 도움이 될 것입니다.

75
모두를 위한 학교 만들기

• •

학교는 학생들의 바르고 행복한 성장을 돕는 곳이어야 합니다. 따라서 학생이 잘못된 행동을 하면 선생님이 잘못을 일깨워주고 적절한 교육을 통해 고쳐나갈 수 있도록 해야 하죠. 너무 당연한 것인데 이게 어려워진 학교의 현실이 참 안타깝습니다.

학교폭력예방법은 학생의 인권을 보호하고 학생을 건전한 사회구성원으로 육성함을 목적으로 합니다. 학교폭력을 예방하고 적절한 대응을 통하여 우리 아이들의 바른 성장이 가능하다고 본 것인데요. 이를 위해서는 학교폭력의 예방 및 대응을 위한 교사의 생활지도 권한이 확대될 필요가 있습니다. 정당하게 이루어진 생활지도에 대하여 학생 및 학부모 모두 존중하고 협력할 필요가 있는 것이지요.

최근 교원의 생활지도 권한이 법제화되어 관련 법령이 2023년 6

월 28일부터 시행되고 있습니다. 관련 고시는 같은 해 9월 1일 제정되어 시행되었고요. 이제 교원은 학생의 인권을 보호하고 교원의 교육활동을 위하여 법령과 학칙에 따라 학생을 지도할 수 있습니다. 학교폭력에 이르지 않는 아이들 간의 갈등을 조정하고, 학교폭력에는 적극적인 대응을 할 수 있도록 함으로써 학생에 대한 생활지도가 곧 학교 공동체의 교육활동 보호를 위한 것임을 분명히 한 것이죠. 이는 학교폭력을 교육적으로 예방하고 해결할 수 있는 가장 명확한 근거이자 방법이기도 합니다.

앞으로 학생, 교사, 학부모가 상호 존중과 신뢰를 기반으로 학생의 올바른 성장과 교육공동체의 회복을 위해 함께 힘을 모아야겠습니다.

알아두세요!

교원의 학생생활지도 고시 주요 내용(2023. 9. 1. 시행)

▶ **학교 구성원의 책무**
• 교육공동체 구성원으로서, 학생 · 학부모 · 학교장 및 교원의 책무 규정

• **학교 구성원 전체** : 상호 간에 권리 존중, 타인의 권리 침해 금지
• **학생** : 학칙 준수 및 학교장 · 교원의 생활지도 존중

- **학교장 및 교원** : 학생의 건강한 성장·발달 지원, 학내 질서유지
  ※ 학교장의 학생·보호자-교원 소통 증진, 교원의 생활지도 지원 노력 의무 등 추가 규정
- **보호자** : 학교장·교원의 전문적 판단과 생활지도 존중, 자녀의 학칙 준수 지도 협력

▶ **지도의 범위**

- **학업 및 진로** 교원의 수업권과 타인의 학습권에 영향을 주는 행위, 면학 분위기에 영향을 주는 물품 소지·사용, 진로 및 진학 관련 사항
- **보건 및 안전** 자신과 타인의 건강에 영향을 주는 행위, 건전한 성장과 발달에 영향을 미치는 사항, 안전을 위협·위해할 우려가 있는 행위 등
- **인성 및 대인관계** 전인적 성장을 위한 품성 및 예절, 언어사용 등 의사소통 행위, 학교폭력 예방 및 대응, 학생 간 갈등 조정 및 관계 개선
- **기타** 장애·다문화 학생에 대한 인식과 태도, 건전한 학교생활 문화 조성을 위한 용모와 복장, 비행 및 범죄 예방, 기타 학칙으로 정하는 사항

▶ **지도의 방식**

- **조언** 보호자에게 전문가에 의한 검사·상담·치료 조언 근거 마

련, 사생활에 관한 조언 비공개 원칙 등

- **상담** 수업시간 외의 시간 활용 원칙(진로전담교사 · 전문상담교사에 의한 상담, 학교의 장과 보호자의 상담 등은 예외로 함), 보호자의 상담 예약제, 교원의 보호자상담요청권, 사전 협의되지 않았거나 근무시간 · 직무범위 외 상담 거부권, 폭언 · 협박 · 폭행 시 상담 중단권 부여 등

- **주의** 반복적 주의에 개선이 없는 경우 훈육 · 훈계 가능, 주의를 무시하여 발생한 피해에 대한 교원의 책임 면제 등

- **훈육 · 훈계** 지시, 제지(구두, 물리적 – 본인 또는 타인의 생명 · 신체에 위해를 끼치거나 재산에 중대한 손해를 끼칠 우려가 있는 긴급한 경우), 분리(교실 내, 교실 밖 – 교원의 수업을 방해함으로써 다른 학생의 학습권 보호가 필요하다고 판단하는 경우), 물품 분리보관(소지품 검사 포함), 보상, 과제부여(행동성찰문 등)의 적극적 행동 중재

▶ **특수교육 대상자의 생활지도 등**

- **특수교육 대상자 지도** 특수교육 대상자의 특성을 고려한 지도 실시, 학교장의 통합교육 지원, 학부모 동의에 따른 학생에 대한 보호장구 착용 등

- **수업 중 휴대전화 사용 원칙** 수업 중 휴대전화 사용 원칙적 금지(교육목적 사용, 긴급한 상황 대응 등을 위해 사전에 학교의 장과 교원이 허용하는 경우는 예외로 함)

- **생활지도 불응 시 조치** 학생 또는 보호자가 생활지도에 불응하여 고의적으로 교육활동을 방해하거나 상담 요청에 정당한 사유 없이 기피 · 거부하는 경우 등을 교육활동 침해행위로 보아 조치
- **이의제기** 학생 또는 보호자에게 학교의 장 및 교원의 생활지도에 대한 이의제기 권한 부여 및 학교의 장의 14일 이내 답변 의무 부과

– 출처 : 국가법령정보센터

나오는글

현재 교육현장에서 학교폭력을 생각하면 '두려움'과 '불균형' 두 단어가 떠오른다.

연일 반복되고 있는 학생과 교사의 죽음…. 더 이상 안타까운 희생이 반복되지 않도록 학생과 보호자 그리고 교사가 서로의 신뢰를 회복하며 변화의 시작이 시급한 지금, 우리는 학교폭력 문제를 어떻게 바라보고 변화를 준비해야 하는 것일까? 더 이상 이대로 두고 볼 수도 없고 변화를 지체할 여유도 없는 시점이다.

학교폭력의 교육적 접근과 해결의 본질적 목적이 학생의 건강하고 안전한 성장이라는 것은 잘 알고 있는 사실이다. 하지만 현실은 당사자인 학생들의 감정과 치유, 회복은 고려되지 않은 채 감정적 대응과 서로 조금이라도 손해를 보지 않기 위한 어른들의 갈등과 분쟁으로 문제의 본질을 벗어난 지 오래다.

이 과정 중 교사는 회복과 치유, 재발 방지를 위해 학생을 중심으로 보다 섬세한 교육적 접근을 해야 함에도 불구하고 과도한 행정적 업무 그리고 보호자의 감정적 대응과 민원 등으로 학교폭력은 두렵고 버거운 일이 되어버렸다. 보호자는 어떠한가? 내 아이가 더 큰 피해를 보거나 또는 불리한 상황에 처할 수도 있다는 불안함 그리고 예측하지 못한 사안에 어떻게 대처할지 모르는 두려움에 압도된다. 이러한 혼란 속에서 당사자인 학생들은 존중받지 못한 채 두려움과 불안한 시간을 보내며 외로움을 버틸 것이다.

이렇듯 학교폭력은 각각 서로 다른 생각과 입장 그리고 해결 과정에서 발생하는 이슈들이 불균형을 이루며 다양한 갈등과 문제가 정점에 치닫고 있다. 이 책을 작업하면서 한 심리학자의 말이 마음에 머물렀다.

"대상을 바라보는 방식을 바꾸면 그 대상이 변화합니다."

– 웨인 다이어

혹자는 이 책을 읽고 '이전과 동일한 절차대로 학교폭력이 진행되는데 이게 무슨 교육적 접근이고 변화인가?'라고 물을지도 모르겠다. 저자들이 이 책을 집필하며 공유한 핵심 가치는 학교폭력이 발생하면 보호자와 자녀, 보호자와 교사, 학생과 교사 사이에 신뢰 관계가 공고히 형성되어야 한다는 것이다. 학교폭력 현장 속 학생, 보호자, 교사가 서로 믿고 의지하며 당면한 어려운 문제를 학생의 회복을 중심으로 잘 해결해 나아가는 접근, 즉 이러한 전 과정이 하나의 살아 있는 교육이라는 점을 전하고자 했다.

피해학생의 아픔과 고통을 교사와 보호자가 공감하고 치유되도록 돕고, 가해학생은 무작정 비난이나 처벌하는 것이 아닌 진심으로 뉘우치고 잘못된 행동을 멈출 수 있도록 하는 것. 바로 이것이 교육적 개입이자 해결, 교육의 본질을 회복하는 것이기에 당면한 현실에서 학교폭력에 대한 인식과 관점을 점검하고 나아가 교사와 보호자는 아이를 위해 어떻게 협력해야 하는가를 고민하며 실질적인 대화 및 실천 방법을 담고자 하였다.

더불어 교육 현장이 처한 상황에서 가능한 것들을 바꾸어 나가는 동시에 장기적으로 변화해야 할 점들, 궁극적으로 교육현장이 제 기능을 찾기 위해 학생 - 보호자 - 교사가 같은 방향으로 나아가야 함을 다시 한번 공감하고 두터운 신뢰로 변화를 만들어가는 것이 필요하다고 강조하였다.

변화가 절실한 법률, 정책, 제도가 너무나 많다는 것은 이제 사회가 공감하고 있다. 다만 여전히 피해, 가해, 학교(교사)들의 입장이 상이한 부분도 있기에 이를 조율해 가는 과정도 필요할 것이다. 하지만 이제 실제적이고 지속적인 변화를 만들기 위해서는 누군가 바꿔주길 기다리는 것이 아닌, 해야 할 일들을 실천하고 그 경험을 통해 서로를 신뢰하여야 할 시점이 아닐까? 학교폭력의 예방부터 마무리까지 교육적 개입과 해결을 위한 고민을 중심에 두고 조망하고자 하는 게 본 도서의 방향이고 저자들이 전하고 싶은 내용이다.

학생들을 위해 묵묵히 힘든 무게를 견디며 현장을 지키는 교사들,

자녀의 상처와 문제를 위해 교사와 함께 올바른 길을 찾고자 하는 보호자들,

가장 중요한 학교폭력의 당사자인 우리 아이들의 안전과 행복한 삶을 위하여

이제는 학교폭력 현장에서 각각의 입장과 생각이 아닌 가장 소중한 가치이자 존재인 학생, 보호자, 교사 즉 사람이 서로 존중하고 이를 기반으로 다양하게 맺어지고 이어져 살아갈 수 있어야 한다. 우리는 서로를 위해 사람 그 자체의 본질을 지키는 문화를 만들어가야 한다. 아무쪼록 이 책이 변화의 답을 찾아가는 데 도움이 되고, 교육현장에서 학교폭력이 교육적 해결의 본 목적을 찾아가는 여정에서 유용한 길잡이가 되기를 바란다.

참고문헌 📖 ———

저서 및 보고서

- 장난이 폭력이 되는 순간(김승혜 · 최희영 외, 2021, 담담사무소)
- 학교폭력 피해학생 맞춤형 지원 안내서(교육부, 2022, 한국교육개발원)
- 학교폭력 사안처리 가이드북(교육부, 2023, 이화여대 학교폭력예방연구소)
- 학교폭력 사안처리와 상담사례(2023, 한국교육학술정보원)
- 학생 사안처리의 정석(변성숙 · 변국희, 2020, 좁쌀한알)

홈페이지

- 유스메이트 아동청소년문제연구소 네이버 블로그
  https://blog.naver.com/youthmate91
- 도란도란 학교폭력예방교육
  https://doran.edunet.net/main/mainForm.do

학교폭력, 교육을 만나다

1판 1쇄 2023년 10월 27일
1판 2쇄 2023년 12월 22일
지은이 변국희 · 김승혜 · 변성숙 · 최희영

펴낸이 윤을식
펴낸곳 도서출판 지식프레임
출판등록 2008년 1월 4일 제 2020-000053호
전화 (02)521-3172
팩스 (02)6007-1835
이메일 editor@jisikframe.com
홈페이지 http://www.jisikframe.com

ISBN 979-11-982213-3-9 (03370)

• 이 책 내용의 전부 또는 일부를 재사용하려면 반드시 저작권자와
  지식프레임 양측의 서면에 의한 동의를 받아야 합니다.

• 파손된 책은 구입하신 서점에서 교환해 드리며, 책값은 뒤표지에 있습니다.